# Immanuel Kants Logik: Ein Handbuch Zu Vorlesungen

## Immanuel Kant

**Nabu Public Domain Reprints:**

You are holding a reproduction of an original work published before 1923 that is in the public domain in the United States of America, and possibly other countries. You may freely copy and distribute this work as no entity (individual or corporate) has a copyright on the body of the work. This book may contain prior copyright references, and library stamps (as most of these works were scanned from library copies). These have been scanned and retained as part of the historical artifact.

This book may have occasional imperfections such as missing or blurred pages, poor pictures, errant marks, etc. that were either part of the original artifact, or were introduced by the scanning process. We believe this work is culturally important, and despite the imperfections, have elected to bring it back into print as part of our continuing commitment to the preservation of printed works worldwide. We appreciate your understanding of the imperfections in the preservation process, and hope you enjoy this valuable book.

YES

$\frac{224}{1}$

Immanuel Kants

# Logik

ein

Handbuch zu Vorlesungen.

---

Königsberg,
bey Friedrich Nicolovius,
1800.

# Vorrede.

Es sind bereits anderthalb Jahre, seit mir Kant den Auftrag ertheilte, seine Logik, so wie Er sie in öffentlichen Vorlesungen seinen Zuhörern vorgetragen, für den Druck zu bearbeiten, und dieselbe in der Gestalt eines compendiösen Handbuches dem Publikum zu übergeben. Ich erhielt zu diesem Zweck von Ihm die selbsteigene Handschrift, deren Er sich bey seinen Vorlesungen bedient hatte, mit Aeußerung des besondern, ehrenvollen Zutrauens zu mir, daß ich, bekannt mit den Grundsätzen seines

Systems überhaupt, auch hier in seinen Ideengang leicht eingehen, seine Gedanken nicht entstellen oder verfälschen, sondern mit der erforderlichen Klarheit und Bestimmtheit und zugleich in der gehörigen Ordnung sie darstellen werde. — Da nun auf diese Art, indem ich den ehrenvollen Auftrag übernommen und denselben so gut, als ich vermogte, dem Wunsche und der Erwartung des preißwürdigen Weisen, meines vielverehrten Lehrers und Freundes gemäß, auszuführen gesucht habe, Alles, was den Vortrag — die Einkleidung und Ausführung, die Darstellung und Anordnung der Gedanken — betrifft, auf meine Rechnung zum Theil zu setzen ist: so liegt es natürlicher Weise auch mir ob, hierüber den Lesern dieses neuen Kantischen Werkes einige Rechenschaft abzulegen. — Ueber diesen Punkt also hier eine und die andre nähere Erklärung.

Seit dem Jahre 1765 hatte Herr Prof. Kant seinen Vorlesungen über die Logik ununterbrochen

das

das Meiersche Lehrbuch (George Friedrich Meiers Auszug aus der Vernunftlehre, Halle bey Gebauer 1752) als Leitfaden zum Grunde gelegt; aus Gründen, worüber Er sich in einem zu Ankündigung seiner Vorlesungen im Jahr 1765 von Ihm herausgegebenen Programm erklärte. — Das Exemplar des gedachten Compendiums, dessen Er sich bey seinen Vorlesungen bediente, ist, wie alle die übrigen Lehrbücher, die Er zu gleichem Zwecke brauchte, mit Papier durchschossen; Seine allgemeinen Anmerkungen und Erläuterungen so wohl als die speciellern, die sich zunächst auf den Text des Compendiums in den einzelnen §§. beziehen, finden sich theils auf dem durchschossenen Papiere, theils auf dem leeren Rande des Lehrbuches selbst. Und dieses hier und da in zerstreuten Anmerkungen und Erläuterungen schriftlich Aufgezeichnete, macht nun zusammen das Materialien-Magazin aus, das Kant hier für seine Vorlesungen anlegte, und das Er von Zeit zu Zeit theils durch neue Ideen erweiterte,

Systems überhaupt, auch hier in seinen Ideengang leicht eingehen, seine Gedanken nicht entstellen oder verfälschen, sondern mit der erforderlichen Klarheit und Bestimmtheit und zugleich in der gehörigen Ordnung sie darstellen werde. — Da nun auf diese Art, indem ich den ehrenvollen Auftrag übernommen und denselben so gut, als ich vermogte, dem Wunsche und der Erwartung des preißwürdigen Weisen, meines vielverehrten Lehrers und Freundes gemäß, auszuführen gesucht habe, Alles, was den Vortrag — die Einkleidung und Ausführung, die Darstellung und Anordnung der Gedanken — betrifft, auf meine Rechnung zum Theil zu setzen ist: so liegt es natürlicher Weise auch mir ob, hierüber den Lesern dieses neuen Kantischen Werkes einige Rechenschaft abzulegen. — Ueber diesen Punkt also hier eine und die andre nähere Erklärung.

Seit dem Jahre 1765 hatte Herr Prof. Kant seinen Vorlesungen über die Logik ununterbrochen

das

das Meiersche Lehrbuch (George Friedrich Meiers Auszug aus der Vernunftlehre, Halle bey Gebauer 1752) als Leitfaden zum Grunde gelegt; aus Gründen, worüber Er sich in einem zu Ankündigung seiner Vorlesungen im Jahr 1765 von Ihm herausgegebenen Programm erklärte. — Das Exemplar des gedachten Compendiums, dessen Er sich bey seinen Vorlesungen bediente, ist, wie alle die übrigen Lehrbücher, die Er zu gleichem Zwecke brauchte, mit Papier durchschossen; Seine allgemeinen Anmerkungen und Erläuterungen so wohl als die speciellern, die sich zunächst auf den Text des Compendiums in den einzelnen §§. beziehen, finden sich theils auf dem durchschossenen Papiere, theils auf dem leeren Rande des Lehrbuches selbst. Und dieses hier und da in zerstreuten Anmerkungen und Erläuterungen schriftlich Aufgezeichnete, macht nun zusammen das Materialien-Magazin aus, das Kant hier für seine Vorlesungen anlegte, und das Er von Zeit zu Zeit theils durch neue Ideen erweiterte, theils in Ansehung verschiedener einzelner Materien immer wieder von Neuem revidirte und verbesserte. Es enthält also wenigstens das Wesentliche von alle dem, was der berühmte Commentator des Meierschen Lehrbuches in Seinen nach einer freyen Manier gehaltenen Vorlesungen seinen Zuhörern über die Logik mitzutheilen pflegte, und das Er des Aufzeichnens werth geachtet hatte. —

Was nun die Darstellung und Anordnung der Sachen in diesem Werke betrifft; so habe ich geglaubt, die Ideen und Grundsätze des großen Mannes am treffendsten auszuführen, wenn ich mich in Absicht auf die Oekonomie und die Eintheilung des Ganzen überhaupt, an Seine ausdrückliche Erklärung hielte, nach welcher in die eigentliche Abhandlung der Logik und namentlich in die Elementarlehre derselben nichts weiter aufgenommen werden darf, als die Theorie von den drey wesentlichen Hauptfunctionen des Denkens — den Begrifgriffen, den Urtheilen und Schlüssen. Alles dasjenige also, was bloß von der Erkenntniß überhaupt und deren logischen Vollkommenheiten handelt, und was in dem Meierschen Lehrbuche der Lehre von den Begriffen vorhergeht und beynahe die Hälfte des Ganzen einnimmt, muß hiernach noch zur Einleitung gerechnet werden. — „Vorher war," bemerkt Kant gleich am Eingange zum achten Abschnitte, worinn Sein Autor die Lehre von den Begriffen vorträgt — „Vorher war von der Er„kenntniß überhaupt gehandelt, als Propädev„tik der Logik; jetzt folgt Logik selbst."

Diesem ausdrücklichen Fingerzeige zu Folge habe ich daher alles, was bis zu dem erwähnten Abschnitte vorkommt, in die Einleitung herüber genommen, welche aus diesem Grunde einen viel größern Umfang erhalten hat, als sie sonst in andern Handbüchern der Logik einzunehmen pflegt. Die Folge hiervon war denn auch, daß die Methodenlehre,

lehre, als der andre Haupttheil der Abhandlung, um so viel kürzer ausfallen mußte, je mehr Materien, die übrigens jetzt mit Recht von unsern neuern Logikern in das Gebiet der Methodenlehre gezogen werden, bereits in der Einleitung waren abgehandelt worden, wie z. B. die Lehre von den Beweisen u. dgl. m. — Es wäre eine eben so unnöthige als unschickliche Wiederholung gewesen, dieser Materien hier noch einmal an ihrer rechten Stelle Erwähnung zu thun, um nur das Unvollständige vollständig zu machen und Alles an seinen gehörigen Ort zu stellen. Das letztere habe ich indessen doch gethan in Absicht auf die Lehre von den Definitionen und der logischen Eintheilung der Begriffe, welche im Meierschen Compendium schon zum achten Abschnitte, nemlich zur Elementarlehre von den Begriffen gehört; eine Ordnung, die auch Kant in seinem Vortrage unverändert gelassen hat.

## Vorrede.

Es versteht sich übrigens wohl von selbst, daß der große Reformator der Philosophie und —, was die Oekonomie und äußere Form der Logik betrifft — auch dieses Theils der theoretischen Philosophie insbesondre, nach Seinem architektonischen Entwurfe, dessen wesentliche Grundlinien in der Critik der reinen Vernunft verzeichnet sind, die Logik würde bearbeitet haben, wenn es Ihm gefallen und wenn Sein Geschäft einer wissenschaftlichen Begründung des gesammten Systems der eigentlichen Philosophie — der Philosophie des reellen Wahren und Gewissen — dieses unweit wichtigere und schwerere Geschäft, das nur Er zuerst und auch Er allein nur in Seiner Originalität ausführen konnte, ihm verstattet hätte, an die selbsteigene Bearbeitung einer Logik zu denken. Allein diese Arbeit konnte er recht wohl Andern überlassen, die mit Einsicht und unbefangener Beurtheilung Seine architektonischen Ideen zu einer wahrhaft zweckmäßigen und wohlgeordneten Bearbeitung und Behandlung dieser Wissenschaft benutzen

nutzen könnten. Es war dies von mehreren gründlichen und unbefangenen Denkern unter unsern deutschen Philosophen zu erwarten. Und diese Erwartung hat Kanten und die Freunde Seiner Philosophie auch nicht getäuscht. Mehrere neuere Lehrbücher der Logik sind mehr oder weniger in Betreff der Oekonomie und Disposition des Ganzen, als eine Frucht jener Kantischen Ideen zur Logik anzusehen. Und daß diese Wissenschaft dadurch wirklich gewonnen; — daß sie zwar weder reicher noch eigentlich ihrem Gehalte nach solider oder in sich selbst gegründeter, wohl aber gereinigter theils von allen ihr fremdartigen Bestandtheilen, theils von so manchen unnützen Subtilitäten und bloßen dialectischen Spielwerken — daß sie systematischer und doch bey aller scientifischen Strenge der Methode zugleich einfacher geworden, davon muß wohl Jeden, der übrigens nur richtige und klare Begriffe von dem eigenthümlichen Charakter und den gesetzmäßigen Grenzen der Logik hat, auch die flüchtigste Ver-

glei-

gleichung der ältern mit den neuern, nach Kantischen Grundsätzen bearbeiteten Lehrbüchern der Logik überzeugen. Denn so sehr sich auch so manche unter den ältern Handbüchern dieser Wissenschaft an wissenschaftlicher Strenge in der Methode, an Klarheit, Bestimmtheit und Präcision in den Erklärungen und an Bündigkeit und Evidenz in den Beweisen auszeichnen mögen: so ist doch fast keines darunter, in welchem nicht die Grenzen der verschiedenen, zur allgemeinen Logik im weitern Umfange gehörigen Gebiete des bloß Propädeutischen, des Dogmatischen und Technischen, des Reinen und Empirischen, so in einander und durch einander liefen, daß sich das eine von dem andern nicht bestimmt unterscheiden läßt.

Zwar bemerkt Herr Jakob in der Vorrede zur ersten Auflage seiner Logik: „Wolf habe die „Idee einer allgemeinen Logik vortrefflich gefaßt und „wenn dieser große Mann darauf gefallen wäre, die „reine

nutzen könnten. Es war dies von mehreren gründlichen und unbefangenen Denkern unter unsern deutschen Philosophen zu erwarten. Und diese Erwartung hat Kanten und die Freunde Seiner Philosophie auch nicht getäuscht. Mehrere neuere Lehrbücher der Logik sind mehr oder weniger in Betreff der Oekonomie und Disposition des Ganzen, als eine Frucht jener Kantischen Ideen zur Logik anzusehen. Und daß diese Wissenschaft dadurch wirklich gewonnen; — daß sie zwar weder reicher noch eigentlich ihrem Gehalte nach solider oder in sich selbst gegründeter, wohl aber gereinigter theils von allen ihr fremdartigen Bestandtheilen, theils von so manchen unnützen Subtilitäten und bloßen dialectischen Spielwerken — daß sie systematischer und doch bey aller scientifischen Strenge der Methode zugleich einfacher geworden, davon muß wohl Jeden, der übrigens nur richtige und klare Begriffe von dem eigenthümlichen Charakter und den gesetzmäßigen Grenzen der Logik hat, auch die flüchtigste Vergleigleichung der ältern mit den neuern, nach Kantischen Grundsätzen bearbeiteten Lehrbüchern der Logik überzeugen. Denn so sehr sich auch so manche unter den ältern Handbüchern dieser Wissenschaft an wissenschaftlicher Strenge in der Methode, an Klarheit, Bestimmtheit und Präcision in den Erklärungen und an Bündigkeit und Evidenz in den Beweisen auszeichnen mögen: so ist doch fast keines darunter, in welchem nicht die Grenzen der verschiedenen, zur allgemeinen Logik im weitern Umfange gehörigen Gebiete des bloß Propädeutischen, des Dogmatischen und Technischen, des Reinen und Empirischen, so in einander und durch einander liefen, daß sich das eine von dem andern nicht bestimmt unterscheiden läßt.

Zwar bemerkt Herr Jakob in der Vorrede zur ersten Auflage seiner Logik: "Wolf habe die "Idee einer allgemeinen Logik vortrefflich gefaßt und "wenn dieser große Mann darauf gefallen wäre, die "reine

„reine Logik ganz abgesondert vorzutragen, so hätte
„er uns gewiß, vermöge seines systematischen Kopfes,
„ein Meisterstück geliefert, welches alle künftige Ar-
„beiten dieser Art unnütz gemacht hätte." Aber
Er hat diese Idee nun einmal nicht ausgeführt und
auch Keiner unter Seinen Nachfolgern hat sie ausgeführt; so groß und wohlgegründet auch übrigens
überhaupt das Verdienst ist, das die Wolfische
Schule um das eigentlich Logische — die formale Vollkommenheit in unserm philosophischen Erkenntnisse sich erworben.

Aber abgesehen nun von dem, was in Ansehung der äußern Form zu Vervollkommnung der
Logik durch die nothwendige Trennung reiner und
bloß formaler von empirischen und realen oder metaphysischen Sätzen noch geschehen konnte und geschehen mußte, so ist, wenn es die Beurtheilung
und Bestimmung des innern Gehaltes dieser Wissenschaft, als Wissenschaft gilt, Kants Urtheil über

diesen

### Vorrede.

diesen Punkt nicht zweifelhaft. Er hat sich mehreremale bestimmt und ausdrücklich darüber erklärt, daß die Logik als eine abgesonderte, für sich bestehende und in sich selbst gegründete Wissenschaft anzusehen sey, und daß sie mithin auch seit ihrer Entstehung und ersten Ausbildung vom Aristoteles an bis auf unsre Zeiten eigentlich nichts an wissenschaftlicher Begründung habe gewinnen können. Dieser Behauptung gemäß hat also Kant weder an eine Begründung der logischen Principien der Identität und des Widerspruchs selbst durch ein höheres Princip, noch an eine Deduction der logischen Formen der Urtheile gedacht. Er hat das Princip des Widerspruchs als einen Satz anerkannt und behandelt, der seine Evidenz in sich selber habe und keiner Ableitung aus einem höhern Grundsatze bedürfe. — Nur den Gebrauch — die Gültigkeit dieses Princips hat er eingeschränkt, indem Er es aus dem Gebiete der Metaphysik, worinn es der Dogmatismus geltend zu machen suchte, verwies, und auf den bloß logischen

schen Vernunftgebrauch, als allein gültig nur für diesen Gebrauch, beschränkte.

Ob nun aber wirklich der logische Satz der Identität und des Widerspruchs an sich und schlechthin keiner weitern Deduction fähig und bedürftig sey, das ist freylich eine andre Frage, die auf die vielbedeutende Frage führt: ob es überhaupt ein absolut erstes Princip aller Erkenntniß und Wissenschaft gebe; — ob ein solches möglich sey und gefunden werden könne?

Die Wissenschaftslehre glaubt, ein solches Princip in dem reinen, absoluten Ich entdeckt und damit das gesammte philosophische Wissen nicht der bloßen Form, sondern auch dem Gehalte nach, vollkommen begründet zu haben. Und unter Voraussetzung der Möglichkeit und apodiktischen Gültigkeit dieses absolut einigen und unbedingten Princips handelt sie daher auch vollkommen conse-

consequent, wenn sie die logischen Grundsätze der Identität und des Widerspruches, die Sätze: A = A und — A = — A nicht als unbedingt gelten läßt, sondern nur für subalterne Sätze erklärt, die durch sie und ihren obersten Satz: Ich bin — erst erwiesen und bestimmt werden können und müssen. (Siehe Grundl. d. W. L. S. 13. ic.) Auf eine gleich consequente Art erklärt sich auch Schelling in seinem System des transscendentalen Idealismus gegen die Voraussetzung der logischen Grundsätze als unbedingter, d. h. von keinen höhern abzuleitender, indem die Logik überhaupt nur durch Abstraction von bestimmten Sätzen und — so fern sie auf wissenschaftliche Art entsteht — nur durch Abstraction von den obersten Grundsätzen des Wissens entstehen könne, und folglich diese höchsten Grundsätze des Wissens und mit ihnen die Wissenschaftslehre selbst schon voraussetze. — Da aber von der andern Seite diese höchsten Grundsätze des Wissens, als Grundsätze betrachtet, eben so

noth-

schen Vernunftgebrauch, als allein gültig nur für diesen Gebrauch, beschränkte.

Ob nun aber wirklich der logische Satz der Identität und des Widerspruchs an sich und schlechthin keiner weitern Deduction fähig und bedürftig sey, das ist freylich eine andre Frage, die auf die vielbedeutende Frage führt: ob es überhaupt ein absolut erstes Princip aller Erkenntniß und Wissenschaft gebe; — ob ein solches möglich sey und gefunden werden könne?

Die Wissenschaftslehre glaubt, ein solches Princip in dem reinen, absoluten Ich entdeckt und damit das gesammte philosophische Wissen nicht der bloßen Form, sondern auch dem Gehalte nach, vollkommen begründet zu haben. Und unter Voraussetzung der Möglichkeit und apodiktischen Gültigkeit dieses absolut einigen und unbedingten Princips handelt sie daher auch vollkommen conse-

consequent, wenn sie die logischen Grundsätze der Identität und des Widerspruches, die Sätze: A = A und — A = — A nicht als unbedingt gelten läßt, sondern nur für subalterne Sätze erklärt, die durch sie und ihren obersten Satz: Ich bin — erst erwiesen und bestimmt werden können und müssen. (Siehe Grundl. d. W. L. S. 13. ꝛc.) Auf eine gleich consequente Art erklärt sich auch Schelling in seinem System des transscendentalen Idealismus gegen die Voraussetzung der logischen Grundsätze als unbedingter, d. h. von keinen höhern abzuleitender, indem die Logik überhaupt nur durch Abstraction von bestimmten Sätzen und — so fern sie auf wissenschaftliche Art entsteht — nur durch Abstraction von den obersten Grundsätzen des Wissens entstehen könne, und folglich diese höchsten Grundsätze des Wissens und mit ihnen die Wissenschaftslehre selbst schon voraussetze. — Da aber von der andern Seite diese höchsten Grundsätze des Wissens, als Grundsätze betrachtet, eben so

b

noth-

nothwendig die logische Form schon voraussetzen: so entsteht eben hieraus jener Cirkel, der sich zwar für die Wissenschaft nicht auflösen, aber doch erklären läßt — erklären durch Anerkennung eines zugleich der Form und dem Gehalte nach (formellen und materiellen) ersten Princips der Philosophie, in welchem beydes, Form und Gehalt, sich wechselseitig bedingt und begründet. In diesem Princip läge sodann der Punkt, in welchem das Subjective und das Objective — das Identische und das Synthetische Wissen, Eines und dasselbe wären.

Unter Voraussetzung einer solchen Dignität, wie sie einem solchen Princip ohne Zweifel zukommen muß, würde demnach die Logik, so wie jede andre Wissenschaft, der Wissenschaftslehre und deren Principien subordiniert seyn müssen. —

Welche Bewandniß es nun aber auch immer hiermit haben möge; — so viel ist ausgemacht: in

jedem

jedem Falle bleibt die Logik im Innern ihres Bezirkes, was das Wesentliche betrifft, unverändert; und die transscendentale Frage: ob die logischen Sätze noch einer Ableitung aus einem höhern absoluten Princip fähig und bedürftig sind, kann auf sie selbst und die Gültigkeit und Evidenz ihrer Gesetze so wenig Einfluß haben, als auf die reine Mathematik in Ansehung ihres wissenschaftlichen Gehalts, die transscendentale Aufgabe hat: Wie sind synthetische Urtheile a priori in der Mathematik möglich? — So wie der Mathematiker als Mathematiker, so kann auch der Logiker als Logiker innerhalb des Bezirks seiner Wissenschaft beym Erklären und Beweisen seinen Gang ruhig und sicher fortgehen, ohne sich um die, außer seiner Sphäre liegende transscendentale Frage des Transscendental-Philosophen und Wissenschaftslehrers bekümmern zu dürfen: Wie reine Mathematik oder reine Logik als Wissenschaft möglich sey?

Bey dieser allgemeinen Anerkennung der Richtigkeit der allgemeinen Logik ist daher auch der Streit zwischen den Skeptikern und den Dogmatikern über die letzten Gründe des philosophischen Wissens, nie auf dem Gebiete der Logik, deren Regeln jeder vernünftige Skeptiker so gut als der Dogmatiker für gültig anerkannte, sondern jederzeit auf dem Gebiete der Metaphysik geführt worden. Und wie könnte es anders seyn? Die höchste Aufgabe der eigentlichen Philosophie betrifft ja keineswegs das subjective, sondern das objective — nicht das identische, sondern das synthetische Wissen. — Hierbey bleibt also die Logik als solche gänzlich aus dem Spiele; und es hat weder der Critik, noch der Wissenschaftslehre einfallen können — noch wird es überall einer Philosophie, die den transscendentalen Standpunkt von dem blos logischen bestimmt zu unterscheiden weiß, einfallen können — die letzten Gründe des realen, philosophischen Wissens innerhalb des Gebiets der bloßen Logik zu suchen und aus einem Satze

der

der Logik, bloß als solchem betrachtet, ein reales Object herausklauben zu wollen.

III.

Wer den hinnehmbaren Unterschied zwischen der eigentlichen (allgemeinen) Logik, als einer bloß formalen Wissenschaft — der Wissenschaft des bloßen Denkens als Denkens betrachtet — und der Transscendental-Philosophie, dieser einigen materialen, oder realen reinen Vernunftwissenschaft — der Wissenschaft des eigentlichen Wissens — bestimmt ins Auge gefaßt hat und nie wieder aus der Acht läßt, wird daher leicht beurtheilen können, was von dem neuern Versuche zu halten sey, den Herr Bardili neuerdings (in seinem Grundrisse der Ersten Logik) unternommen hat, der Logik selbst noch: ihr Prius auszumachen, in der Erwartung, auf dem Wege dieser Untersuchung zu finden: „ein reales „Object, entweder durch sie (die bloße Logik) ge„setzt oder sonst überall keines setzbar; den Schlüssel „zum Wesen der Natur entweder durch sie gegeben

„oder

„oder sonst überall keine Logik und keine Philosophie
„möglich." Es ist doch in Wahrheit nicht abzusehen, auf welche mögliche Art Herr Bardili aus seinem aufgestellten Prius der Logik, dem Princip der absoluten Möglichkeit des Denkens, nach welchem wir Eines, als Eines und Ebendasselbe im Vielen (nicht Mannigfaltigen) unendlichemal wiederholen können, ein reales Object herausfinden könne. Dieses vermeintlich neu entdeckte Prius der Logik ist ja offenbar nichts mehr und nichts weniger als das alte längst anerkannte, innerhalb des Gebiets der Logik gelegene und an die Spitze dieser Wissenschaft gestellte Princip der Identität: Was ich denke, denke ich, und eben dieses und nichts anders kann ich nun eben ins Unendliche wiederholt denken. — Wer wird denn auch bey dem wohl verstandenen logischen Satze der Identität an ein Mannigfaltiges und nicht an ein bloßes Vieles denken, das allerdings durch nichts anders entsteht, noch entstehen kann, als durch

bloße

bloße Wiederholung Eines und Ebendesselben Denkens — das bloße wiederholte Setzen eines $A = A = A$ und so weiter ins Unendliche fort. — Schwerlich dürfte sich daher wohl auf dem Wege, den Herr Bardili dazu eingeschlagen und nach derjenigen heuristischen Methode, deren Er sich hierzu bedient hat, dasjenige finden lassen, woran der philosophirenden Vernunft gelegen ist — der Anfangs- und Endpunkt, wovon sie bey ihren Untersuchungen ausgehen und wohin sie wiederum zurückkehren könne. — Die hauptsächlichsten und bedeutendsten Einwürfe, die Herr Bardili Kanten und seiner Methode des Philosophirens entgegensetzt, könnten also auch nicht so wohl Kanten den Logiker, als vielmehr Kanten den Transscendental-Philosophen und Metaphysiker treffen. Wir können sie daher hier insgesammt an ihren gehörigen Ort dahin gestellt seyn lassen. —

Schließlich will ich hier noch bemerken: daß ich die Kantische Metaphysik, wozu ich die Handschrift auch bereits in den Händen habe, so bald es die Muße mir verstattet, nach derselben Manier bearbeiten und herausgeben werde. — Königsberg, den 30sten September 1800.

**Gottlob Benjamin Jäsche,**
Doctor und Privatdocent der Philosophie auf der Universität in Königsberg, Mitglied der gelehrten Gesellschaft zu Frankfurt an der Oder.

# Einleitung.

## I.
## Begriff der Logik.

Alles in der Natur, sowohl in der leblosen als auch in der belebten Welt, geschieht nach Regeln, ob wir gleich diese Regeln nicht immer kennen. — Das Wasser fällt nach Gesetzen der Schwere, und bey den Thieren geschieht die Bewegung des Gehens auch nach Regeln. Der Fisch im Wasser, der Vogel in der Luft bewegt sich nach Regeln. Die ganze Natur überhaupt ist eigentlich nichts anders als ein Zusammenhang von Erscheinungen nach Regeln; und es giebt überall keine Regellosigkeit. Wenn wir eine solche zu finden meinen, so können wir in diesem Falle nur sagen: daß uns die Regeln unbekannt sind.

## Einleitung.

Auch die Ausübung unsrer Kräfte geschieht nach gewissen Regeln, die wir befolgen, zuerst derselben unbewußt, bis wir zu ihrer Erkenntniß allmälig durch Versuche und einen längern Gebrauch unsrer Kräfte gelangen, ja uns am Ende dieselben so geläufig machen, daß es uns viele Mühe kostet, sie in abstracto zu denken. So ist z. B. die allgemeine Grammatik, die Form einer Sprache überhaupt. Man spricht aber auch, ohne Grammatik zu kennen; und der, welcher, ohne sie zu kennen, spricht, hat wirklich eine Grammatik und spricht nach Regeln, deren er sich aber nicht bewußt ist.

So wie nun alle unsre Kräfte insgesammt; so ist auch insbesondre der Verstand bey seinen Handlungen an Regeln gebunden, die wir untersuchen können. Ja, der Verstand ist als der Quell und das Vermögen anzusehen, Regeln überhaupt zu denken. Denn so wie die Sinnlichkeit das Vermögen der Anschauungen ist, so ist der Verstand das Vermögen zu denken, d. h. die Vorstellungen der Sinne unter Regeln zu bringen. Er ist daher begierig, Regeln zu suchen, und befriediget, wenn er sie gefunden hat. Es frägt sich also, da der Verstand die Quelle der Regeln ist, nach welchen Regeln er selber verfahre? —

Denn es leidet gar keinen Zweifel: wir können nicht denken, oder unsern Verstand nicht anders gebrauchen, als nach gewissen Regeln. Diese Regeln
kön-

können wir nun aber wieder für sich selbst denken, d. h. wir können sie ohne ihre Anwendung oder in abstracto denken. — Welches sind nun diese Regeln?

———

Alle Regeln, nach denen der Verstand verfährt, sind entweder nothwendig oder zufällig. Die erstern sind solche, ohne welche gar kein Gebrauch des Verstandes möglich wäre; die letztern solche, ohne welche ein gewisser bestimmter Verstandesgebrauch nicht Statt finden würde. Die zufälligen Regeln, welche von einem bestimmten Object der Erkenntniß abhängen, sind so vielfältig als diese Objecte selbst. So giebt es z. B. einen Verstandesgebrauch in der Mathematik, der Metaphysik, Moral u. s. w. Die Regeln dieses besondern, bestimmten Verstandesgebrauches in den gedachten Wissenschaften sind zufällig, weil es zufällig ist, ob ich dieses oder jenes Object denke, worauf sich diese besondern Regeln beziehen.

Wenn wir nun aber alle Erkenntniß, die wir bloß von den Gegenständen entlehnen müssen, bey Seite setzen und lediglich auf den Verstandesgebrauch überhaupt reflectiren: so entdecken wir diejenigen Regeln desselben, die in aller Absicht und unangesehen aller besondern Objecte des Denkens schlechthin nothwendig sind, weil wir ohne sie gar nicht denken würden. Diese Regeln können daher auch a priori d. i. unabhängig von aller Erfahrung eingesehen werden, weil sie, ohne Unterschied der Gegenstände, bloß die Bedingungen des Verstandesgebrauchs überhaupt, er mag rein oder empirisch seyn, enthalten. Und hieraus folgt zugleich: daß die allgemeinen und nothwendigen Regeln des Denkens überhaupt lediglich die Form, keinesweges die Materie desselben betreffen können. Demnach ist die Wissenschaft, die diese allgemeinen und nothwendigen Regeln enthält, bloß eine Wissenschaft von der Form unsers Verstandeserkenntnisses oder des Denkens. Und wir können uns also eine Idee von der Möglichkeit einer solchen Wissenschaft machen, so wie von einer allgemeinen Grammatik, die nichts weiter als die bloße Form der Sprache überhaupt enthält, ohne Wörter, die zur Materie der Sprache gehören.

Diese Wissenschaft von den nothwendigen Gesetzen des Verstandes und der Vernunft überhaupt oder — welches einerley ist — von der bloßen Form des Denkens überhaupt, nennen wir nun Logik.

---

Als eine Wissenschaft, die auf alles Denken überhaupt geht, unangesehen der Objecte, als der Materie des Denkens, ist die Logik

1) als Grundlage zu allen andern Wissenschaften und als die Propädevtik alles Verstandesgebrauchs anzusehen. Sie kann aber auch eben darum, weil sie von allen Objecten gänzlich abstrahirt,

2) kein Organon der Wissenschaften seyn.

Unter

Unter einem Organon verstehen wir nemlich eine Anweisung, wie ein gewisses Erkenntniß zu Stande gebracht werden solle. Dazu aber gehört, daß ich das Object der, nach gewissen Regeln hervorzubringenden, Erkenntniß schon kenne. Ein Organon der Wissenschaften ist daher nicht bloße Logik, weil es die genaue Kenntniß der Wissenschaften, ihrer Objecte und Quellen voraussetzt. So ist z. B. die Mathematik ein vortreffliches Organon, als eine Wissenschaft, die den Grund der Erweiterung unserer Erkenntniß in Ansehung eines gewissen Vernunftgebrauches enthält. Die Logik hingegen, da sie als allgemeine Propädevtik alles Verstandes- und Vernunftgebrauchs überhaupt, nicht in die Wissenschaften gehen und deren Materie anticipiren darf, ist nur eine allgemeine Vernunftkunst (Canonica Epicuri), Erkenntnisse überhaupt der Form des Verstandes gemäß zu machen, und also nur in so ferne ein Organon zu nennen, das aber freylich nicht zur Erweiterung, sondern bloß zur Beurtheilung und Berichtigung unsers Erkenntnisses dient.

3) Als eine Wissenschaft der nothwendigen Gesetze des Denkens, ohne welche gar kein Gebrauch des Verstandes und der Vernunft statt findet, die folglich die Bedingungen sind, unter denen der Verstand einzig mit sich selbst zusammen stimmen kann und soll, — die nothwendigen Gesetze und Bedingungen seines richtigen Gebrauchs — ist aber die Logik ein Canon.

## Einleitung.

Und als ein Canon des Verstandes und der Vernunft darf sie daher auch keine Principien weder aus irgend einer Wissenschaft noch aus irgend einer Erfahrung borgen; sie muß lauter Gesetze a priori, welche nothwendig sind und auf den Verstand überhaupt gehen, enthalten.

Einige Logiker setzen zwar in der Logik psychologische Principien voraus. Dergleichen Principien aber in die Logik zu bringen, ist eben so ungereimt, als Moral vom Leben herzunehmen. Nähmen wir die Principien aus der Psychologie, d. h. aus den Beobachtungen über unsern Verstand, so würden wir bloß sehen, wie das Denken vor sich geht und wie es ist unter den mancherley subjectiven Hindernissen und Bedingungen; dieses würde also zur Erkenntniß bloß zufälliger Gesetze führen. In der Logik ist aber die Frage nicht nach zufälligen, sondern nach nothwendigen Regeln; — nicht, wie wir denken, sondern, wie wir denken sollen. Die Regeln der Logik müssen daher nicht vom zufälligen, sondern vom nothwendigen Verstandesgebrauche hergenommen seyn, den man ohne alle Psychologie bey sich findet. Wir wollen in der Logik nicht wissen: wie der Verstand ist und denkt und wie er bisher im Denken verfahren ist, sondern wie er im Denken verfahren sollte. Sie soll uns den richtigen, d. h. den mit sich selbst übereinstimmenden Gebrauch des Verstandes lehren.

## Einleitung.

Aus der gegebenen Erklärung der Logik lassen sich nun auch noch die übrigen wesentlichen Eigenschaften dieser Wissenschaft herleiten; nemlich daß sie

4) eine Vernunftwissenschaft sey nicht der bloßen Form, sondern der Materie nach, da ihre Regeln nicht aus der Erfahrung hergenommen sind, und da sie zugleich die Vernunft zu ihrem Objecte hat. Die Logik ist daher eine Selbsterkenntniß des Verstandes und der Vernunft, aber nicht nach den Vermögen derselben in Ansehung der Objecte, sondern lediglich der Form nach. Ich werde in der Logik nicht fragen: Was erkennt der Verstand und wie viel kann er erkennen oder wie weit geht seine Erkenntniß? Denn das wäre Selbsterkenntniß in Ansehung seines materiellen Gebrauchs und gehört also in die Metaphysik. In der Logik ist nur die Frage: Wie wird sich der Verstand selbst erkennen?

Als eine der Materie und der Form nach rationale Wissenschaft ist die Logik endlich auch

5) eine Doctrin oder demonstrirte Theorie. Denn da sie sich nicht mit dem gemeinen und als solchem, bloß empirischen Verstandes- und Vernunftgebrauche, sondern lediglich mit den allgemeinen und nothwendigen Gesetzen des Denkens überhaupt beschäftiget: so beruhet sie auf Principien a priori, aus denen alle ihre Regeln abgeleitet und bewiesen werden können, als solche, denen alle Erkenntniß der Vernunft gemäß seyn müßte.

## Einleitung.

Dadurch, daß die Logik als eine Wissenschaft a priori, oder als eine Doctrin für einen Canon des Verstandes- und Vernunftgebrauchs zu halten ist, unterscheidet sie sich wesentlich von der Aesthetik, die als bloße Critik des Geschmacks keinen Canon (Gesetz), sondern nur eine Norm (Muster oder Richtschnur bloß zur Beurtheilung) hat, welche in der allgemeinen Einstimmung besteht. Die Aesthetik nemlich enthält die Regeln der Uebereinstimmung des Erkenntnisses mit den Gesetzen der Sinnlichkeit; die Logik dagegen die Regeln der Uebereinstimmung des Erkenntnisses mit den Gesetzen des Verstandes und der Vernunft. Jene hat nur empirische Principien und kann also nie Wissenschaft oder Doctrin seyn, wofern man unter Doctrin eine dogmatische Unterweisung aus Principien a priori versteht, wo man alles durch den Verstand ohne anderweitige von der Erfahrung erhaltene Belehrungen einsieht, und die uns Regeln giebt, deren Befolgung die verlangte Vollkommenheit verschafft.

Manche, besonders Redner und Dichter haben versucht, über den Geschmack zu vernünfteln, aber nie haben sie ein entscheidendes Urtheil darüber fällen können. Der Philosoph Baumgarten in Frankfurt hatte den Plan zu einer Aesthetik, als Wissenschaft, gemacht. Allein richtiger hat Home die Aesthetik, Critik genannt, da sie keine Regeln a priori giebt, die das Urtheil hinreichend bestimmen, wie die Logik, sondern ihre Regeln a posteriori hernimmt, und die empi-

rischen

rischen Gesetze, nach denen wir das Unvollkommnere und Vollkommnere (Schöne) erkennen, nur durch die Vergleichung allgemeiner macht.

Die Logik ist also mehr als bloße Critik; sie ist ein Canon, der nachher zur Critik dient, d. h. zum Princip der Beurtheilung alles Verstandesgebrauchs überhaupt, wiewohl nur seiner Richtigkeit in Ansehung der bloßen Form, da sie kein Organon ist, so wenig als die allgemeine Grammatik.

Als Propädevtik alles Verstandesgebrauchs überhaupt unterscheidet sich die allgemeine Logik nun auch zugleich von einer andern Seite von der transscendentalen Logik, in welcher der Gegenstand selbst als ein Gegenstand des bloßen Verstandes vorgestellt wird; dagegen die allgemeine Logik auf alle Gegenstände überhaupt geht.

Fassen wir nun alle wesentliche Merkmale zusammen, die zu ausführlicher Bestimmung des Begriffs der Logik gehören; so werden wir also folgenden Begriff von ihr aufstellen müssen.

Die Logik ist eine Vernunftwissenschaft nicht der bloßen Form, sondern der Materie nach; eine Wissenschaft a priori von den nothwendigen Gesetzen des Denkens, aber nicht in Ansehung besonderer Gegenstände, sondern aller Gegenstände überhaupt; — also eine Wissenschaft des richtigen Verstandes- und Vernunftgebrauchs überhaupt, aber nicht subjectiv, d. h. nicht nach empirischen (psychologischen) Principien, wie der Verstand denkt, sondern objectiv, d. i. nach Principien a priori, wie er denken soll.

---

## II.

### Haupteintheilungen der Logik. — Vortrag. — Nutzen dieser Wissenschaft. — Abriß einer Geschichte derselben.

Die Logik wird eingetheilt

1) in die Analytik und in die Dialectik.

Die Analytik entdeckt durch Zergliederung alle Handlungen der Vernunft, die wir beym Denken überhaupt ausüben. Sie ist also eine Analytik der Verstandes- und Vernunftform, und heißt auch mit Recht die Logik der Wahrheit, weil sie die nothwendigen Regeln aller (formalen) Wahrheit enthält, ohne welche unser Erkenntniß, unangesehen der Objecte, auch in sich selbst unwahr ist. Sie ist also auch weiter nichts als ein Canon zur Dijudication (der formalen Richtigkeit unsers Erkenntnisses).

Wollte man diese bloß theoretische und allgemeine Doctrin zu einer practischen Kunst, d. i. zu einem Organon

non brauchen: so würde sie Dialectik werden. Eine Logik des Scheins (ars sophistica, disputatoria), die aus einem bloßen Mißbrauche der Analytik entspringt, so fern nach der bloßen logischen Form der Schein einer wahren Erkenntniß, deren Merkmale doch von der Uebereinstimmung mit den Objecten, also vom Inhalte hergenommen seyn müssen, erkünstelt wird. –

In den vorigen Zeiten wurde die Dialectik mit großem Fleiße studirt. Diese Kunst trug falsche Grundsätze unter dem Scheine der Wahrheit vor, und suchte diesen gemäß, Dinge dem Scheine nach zu behaupten. Bey den Griechen waren die Dialectiker die Sachwalter und Redner, welche das Volk leiten konnten, wohin sie wollten, weil sich das Volk durch den Schein hintergehen läßt. Dialectik war also damals die Kunst des Scheins. In der Logik wurde sie auch eine Zeitlang unter dem Namen der Disputirkunst vorgetragen, und so lange war alle Logik und Philosophie die Cultur gewisser geschwätziger Köpfe, jeden Schein zu erkünsteln. Nichts aber kann eines Philosophen unwürdiger seyn, als die Cultur einer solchen Kunst. Sie muß daher in dieser Bedeutung gänzlich wegfallen, und statt derselben vielmehr eine Critik dieses Scheines in die Logik eingeführt werden.

Wir würden demnach zwey Theile der Logik haben: die Analytik, welche die formalen Criterien der Wahr-

Wahrheit vortrüge; und die **Dialectik**, welche die Merkmale und Regeln enthielte, wonach wir erkennen könnten, daß etwas mit den formalen Criterien der Wahrheit nicht übereinstimmt, ob es gleich mit demselben übereinzustimmen scheint. Die Dialectik in dieser Bedeutung würde also ihren guten Nutzen haben als **Catharctikon des Verstandes**.

Man pflegt die Logik ferner einzutheilen

2) in die **natürliche oder populare** und in die **künstliche oder wissenschaftliche Logik** (logica naturalis, log. scholastica, s. artificialis).

Aber diese Eintheilung ist unstatthaft. Denn die natürliche Logik oder die Logik der gemeinen Vernunft (sensus communis) ist eigentlich keine Logik, sondern eine anthropologische Wissenschaft, die nur empirische Principien hat, indem sie von den Regeln des natürlichen Verstandes- und Vernunftgebrauchs handelt, die nur in concreto, also ohne Bewußtseyn derselben in abstracto, erkannt werden. — Die künstliche oder wissenschaftliche Logik verdient daher allein diesen Namen, als eine Wissenschaft der nothwendigen und allgemeinen Regeln des Denkens, die, unabhängig von dem natürlichen Verstandes- und Vernunftgebrauche, in concreto a priori erkannt werden können und müssen, ob sie gleich zuerst nur durch Beobachtung jenes natürlichen Gebrauchs gefunden werden können.

3)

3) Noch eine andre Eintheilung der Logik ist die in theoretische und practische Logik. Allein auch diese Eintheilung ist unrichtig.

Die allgemeine Logik, die, als ein bloßer Canon, von allen Objecten abstrahirt, kann keinen practischen Theil haben. Dieses wäre eine contradictio in adjecto, weil eine practische Logik die Kenntniß einer gewissen Art von Gegenständen, worauf sie angewandt wird, voraussetzt. Wir können daher jede Wissenschaft eine practische Logik nennen; denn in jeder müssen wir eine Form des Denkens haben. Die allgemeine Logik, als practisch betrachtet, kann daher nichts weiter seyn, als eine Technik der Gelehrsamkeit überhaupt; — ein Organon der Schulmethode.

Dieser Eintheilung zu Folge würde also die Logik einen dogmatischen und einen technischen Theil haben. Der erste würde die Elementarlehre, der andre die Methodenlehre heißen können. Der practische oder technische Theil der Logik wäre eine logische Kunst in Ansehung der Anordnung und der logischen Kunstausdrücke und Unterschiede, um dem Verstande dadurch sein Handeln zu erleichtern.

In beyden Theilen, dem technischen so wohl als dem dogmatischen, würde aber weder auf Objecte noch auf das Subject des Denkens die mindeste Rücksicht genommen werden dürfen. — In der letztern Beziehung würde die Logik eingetheilt werden können

4)

4) **in die reine und in die angewandte Logik.** —

In der reinen Logik sondern wir den Verstand von den übrigen Gemüthskräften ab und betrachten, was er für sich allein thut. Die angewandte Logik betrachtet den Verstand, so fern er mit den andern Gemüthskräften vermischt ist, die auf seine Handlungen einfließen und ihm eine schiefe Richtung geben, so daß er nicht nach den Gesetzen verfährt, von denen er wohl selbst einsieht, daß sie die richtigen sind. — Die angewandte Logik sollte eigentlich nicht Logik heißen. Es ist eine Psychologie, in welcher wir betrachten, wie es bey unserm Denken zuzugehen pflegt, nicht, wie es zugehen soll. Am Ende sagt sie zwar, was man thun soll, um unter den mancherley subjectiven Hindernissen und Einschränkungen einen richtigen Gebrauch vom Verstande zu machen; auch können wir von ihr lernen, was den richtigen Verstandesgebrauch befördert, die Hülfsmittel desselben oder die Heilungsmittel von logischen Fehlern und Irrthümern. Aber Propädevtik ist sie doch nicht. Denn die Psychologie, aus welcher in der angewandten Logik alles genommen werden muß, ist ein Theil der philosophischen Wissenschaften, zu denen die Logik die Propädevtik seyn soll.

Zwar sagt man: die Technik, oder die Art und Weise, eine Wissenschaft zu bauen, solle in der angewandten Logik vorgetragen werden. Das ist aber vergeblich, ja sogar schädlich. Man fängt dann an zu bauen,

bauen, ehe man Materialien hat, und giebt wohl die Form, es fehlt aber am Inhalte. Die Technik muß bey jeder Wissenschaft vorgetragen werden.

Was endlich

5) die Eintheilung der Logik in die Logik des gemeinen und die des spekulativen Verstandes betrifft: so bemerken wir hierbey, daß diese Wissenschaft gar nicht so eingetheilt werden kann.

Sie kann keine Wissenschaft des spekulativen Verstandes seyn. Denn als eine Logik des spekulativen Erkenntnisses oder des spekulativen Vernunftgebrauchs wäre sie ein Organon andrer Wissenschaften und keine bloße Propädevtik, die auf allen möglichen Gebrauch des Verstandes und der Vernunft gehen soll.

Eben so wenig kann die Logik ein Product des gemeinen Verstandes seyn. Der gemeine Verstand nemlich ist das Vermögen, die Regeln des Erkenntnisses in concreto einzusehen. Die Logik soll aber eine Wissenschaft von den Regeln des Denkens in abstracto seyn.

Man kann indessen den allgemeinen Menschenverstand zum Object der Logik annehmen; und in so ferne wird sie von den besondern Regeln der spekulativen Vernunft abstrahiren und sich also von der Logik des spekulativen Verstandes unterscheiden.

Was den Vortrag der Logik betrifft: so kann derselbe entweder scholastisch oder popular seyn.

Scholastisch ist er, so fern er angemessen ist der Wißbegierde, den Fähigkeiten und der Cultur derer, die das Erkenntniß der logischen Regeln als eine Wissenschaft behandeln wollen. Popular aber, wenn er zu den Fähigkeiten und Bedürfnissen derjenigen sich herabläßt, welche die Logik nicht als Wissenschaft studieren, sondern sie nur brauchen wollen, um ihren Verstand aufzuklären. — Im scholastischen Vortrage müssen die Regeln in ihrer Allgemeinheit oder in abstracto; im popularen dagegen im Besondern oder in concreto dargestellt werden. Der scholastische Vortrag ist das Fundament des popularen; denn nur derjenige kann etwas auf eine populare Weise vortragen, der es auch gründlicher vortragen könnte.

Wir unterscheiden übrigens hier Vortrag von Methode. Unter Methode nemlich ist die Art und Weise zu verstehen, wie ein gewisses Object, zu dessen Erkenntniß sie anzuwenden ist, vollständig zu erkennen sey. Sie muß aus der Natur der Wissenschaft selbst hergenommen werden und läßt sich also, als eine dadurch bestimmte und nothwendige Ordnung des Denkens, nicht ändern. Vortrag bedeutet nur die Manier, seine Gedanken andern mitzutheilen, um eine Doctrin verständlich zu machen.

Aus dem, was wir über das Wesen und den Zweck der Logik bisher gesagt haben, läßt sich nunmehr der Werth dieser Wissenschaft und der Nutzen ihres Studiums nach einem richtigen und bestimmten Maaßstabe schätzen.

Die Logik ist also zwar keine allgemeine Erfindungskunst und kein Organon der Wahrheit; — keine Algebra, mit deren Hülfe sich verborgene Wahrheiten entdecken ließen.

Wohl aber ist sie nützlich und unentbehrlich als eine **Critik der Erkenntniß**; oder zu Beurtheilung der gemeinen so wohl als der spekulativen Vernunft, nicht um sie zu lehren, sondern nur um sie **correct** und mit sich selbst übereinstimmend zu machen. Denn das logische Princip der Wahrheit ist Uebereinstimmung des Verstandes mit seinen eigenen allgemeinen Gesetzen.

―――――

Was endlich die Geschichte der Logik betrifft: so wollen wir hierüber nur Folgendes anführen:

Die jetzige Logik schreibt sich her von Aristoteles Analytik. Dieser Philosoph kann als der Vater der Logik angesehen werden. Er trug sie als Organon vor und theilte sie ein in Analytik und Dialectik. Seine Lehrart ist sehr scholastisch, und geht auf die Entwickelung der allgemeinsten Begriffe, die der Logik zum Grunde liegen, wovon man indessen keinen Nutzen hat, weil fast alles auf bloße Subtilitäten hinausläuft, außer daß man die Benennungen verschiedener Verstandeshandlungen daraus gezogen.

Uebrigens hat die Logik von Aristoteles Zeiten her, an Inhalt nicht viel gewonnen und das kann sie ihrer Natur nach auch nicht. Aber sie kann wohl gewinnen in Ansehung der Genauigkeit, Bestimmtheit und Deutlichkeit. — Es giebt nur wenige Wissenschaften, die in einen beharrlichen Zustand kommen können, wo sie nicht mehr verändert werden. Zu diesen gehört die Logik und auch die Metaphysik. Aristoteles hatte keinen Moment des Verstandes ausgelassen; wir sind darinn nur genauer, methodischer und ordentlicher.

Von Lamberts Organon glaubte man zwar, daß es die Logik sehr vermehren würde. Aber es enthält weiter nichts mehr als nur subtilere Eintheilungen, die, wie alle richtige Subtilitäten, wohl den Verstand schärfen, aber von keinem wesentlichen Gebrauche sind.

Unter den neuern Weltweisen giebt es zwey, welche die allgemeine Logik in Gang gebracht haben, — Leibnitz und Wolff.

Malebranche und Lock haben keine eigentliche Logik abgehandelt, da sie auch vom Inhalte der Erkenntniß und vom Ursprunge der Begriffe handeln.

Die allgemeine Logik von Wolff ist die beste, welche man hat. Einige haben sie mit der Aristotelischen verbunden, wie z. B. Reusch.

Baumgarten, ein Mann, der hierinn viel Verdienst hat, concentrirte die Wolfische Logik, und Meyer commentirte dann wieder über Baumgarten.

Zu den neuern Logikern gehört auch Crusius, der aber nicht bedachte, was es mit der Logik für eine Bewandniß habe. Denn seine Logik enthält metaphysische Grundsätze, und überschreitet also in so ferne die Grenzen dieser Wissenschaft; überdies stellt sie ein Criterium der Wahrheit auf, das kein Criterium seyn kann, und läßt also in so fern allen Schwärmereyen freyen Lauf.

In den jetzigen Zeiten hat es eben keinen berühmten Logiker gegeben, und wir brauchen auch zur Logik keine neuen Erfindungen, weil sie bloß die Form des Denkens enthält.

---

## III.

Begriff von der Philosophie überhaupt. — Philosophie nach dem Schulbegriffe und nach dem Weltbegriffe betrachtet. — Wesentliche Erfordernisse und Zwecke des Philosophierens. — Allgemeinste und höchste Aufgaben dieser Wissenschaft.

Es ist zuweilen schwer, das, was unter einer Wissenschaft verstanden wird, zu erklären. Aber die Wissenschaft gewinnt an Präcision durch Festsetzung ihres

ihres bestimmten Begriffs, und es werden so manche Fehler aus gewissen Gründen vermieden, die sich sonst einschleichen, wenn man die Wissenschaft noch nicht von den mit ihr verwandten Wissenschaften unterscheiden kann.

Ehe wir indessen eine Definition von Philosophie zu geben versuchen, müssen wir zuvor den Character der verschiedenen Erkenntnisse selbst untersuchen, und, da philosophische Erkenntnisse zu den Vernunfterkenntnissen gehören, insbesondre erklären, was unter diesen letztern zu verstehen sey.

Vernunfterkenntnisse werden den historischen Erkenntnissen entgegen gesetzt. Jene sind Erkenntnisse aus Principien (ex principiis); diese, Erkenntnisse aus Daten (ex datis). — Eine Erkenntniß kann aber aus der Vernunft entstanden und demohngeachtet historisch seyn; wie wenn z. B. ein bloßer Litterator die Producte fremder Vernunft lernt: so ist sein Erkenntniß von dergleichen Vernunftproducten blos historisch.

Man kann nemlich Erkenntnisse unterscheiden

1) nach ihrem objectiven Ursprunge, d. i. nach den Quellen, woraus eine Erkenntniß allein möglich ist. In dieser Rücksicht sind alle Erkenntnisse entweder rational oder empirisch;

2) nach ihrem subjectiven Ursprunge, d. i. nach der Art, wie eine Erkenntniß von den Menschen kann erworben werden. Aus diesem letztern Gesichtspunkte

# Einleitung.

punkte betrachtet, sind die Erkenntnisse entweder rational oder historisch, sie mögen an sich entstanden seyn, wie sie wollen. Es kann also **objectiv** etwas ein Vernunfterkenntniß seyn, was **subjectiv** doch nur historisch ist.

Bey einigen rationalen Erkenntnissen ist es schädlich, sie bloß historisch zu wissen, bey andern hingegen ist dieses gleichgültig. So weiß z. B. der Schiffer die Regeln der Schiffahrt historisch aus seinen Tabellen; und das ist für ihn genug. Wenn aber der Rechtsgelehrte die Rechtsgelehrsamkeit bloß historisch weiß: so ist er zum ächten Richter und noch mehr zum Gesetzgeber völlig verdorben.

Aus dem angegebenen Unterschiede zwischen **objectiv** und **subjectiv** rationalen Erkenntnissen erhellt nun auch, daß man Philosophie in gewissem Betracht lernen könne, ohne philosophieren zu können. Der also eigentlich Philosoph werden will, muß sich üben, von seiner Vernunft einen freyen und keinen bloß nachahmenden, und, so zu sagen, mechanischen Gebrauch zu machen.

———

Wir haben die Vernunfterkenntnisse für Erkenntnisse aus Principien erklärt; und hieraus folgt: daß sie a priori seyn müssen. Es giebt aber zwey Arten von Erkenntnissen, die beyde a priori sind, dennoch aber

## Einleitung.

viele nahmhafte Unterschiede haben; nemlich Mathematik und Philosophie.

Man pflegt zu behaupten, daß Mathematik und Philosophie dem Objecte nach von einander unterschieden wären, indem die erstere von der Quantität; die letztere von der Qualität handele. Alles dieses ist falsch. Der Unterschied dieser Wissenschaften kann nicht auf dem Objecte beruhen; denn Philosophie gehet auf alles, also auch auf quanta, und Mathematik zum Theil auch, so fern alles eine Größe hat. Nur die verschiedene Art des Vernunfterkenntnisses oder Vernunftgebrauches in der Mathematik und Philosophie macht allein den specifischen Unterschied zwischen diesen beyden Wissenschaften aus. Philosophie nemlich ist die Vernunfterkenntniß aus bloßen Begriffen, Mathematik hingegen die Vernunfterkenntniß aus der Construction der Begriffe.

Wir construiren Begriffe, wenn wir sie in der Anschauung a priori ohne Erfahrung darstellen, oder, wenn wir den Gegenstand in der Anschauung darstellen, der unserm Begriffe von demselben entspricht. — Der Mathematiker kann sich nie seiner Vernunft nach bloßen Begriffen; der Philosoph ihrer nie durch Construction der Begriffe bedienen. — In der Mathematik braucht man die Vernunft in concreto, die Anschauung ist aber nicht empirisch, sondern man macht sich hier etwas a priori zum Gegenstande der Anschauung.

Und

Und hierinn hat also, wie wir sehen, die Mathematik einen Vorzug vor der Philosophie, daß die Erkenntnisse der erstern intuitive, die der letztern hingegen, nur diskursive Erkenntnisse sind. Die Ursache aber, warum wir in der Mathematik mehr die Größen erwägen, liegt darinn, daß die Größen in der Anschauung a priori können construirt werden, die Qualitäten dagegen sich nicht in der Anschauung darstellen lassen.

―――

Philosophie ist also das System der philosophischen Erkenntnisse oder der Vernunfterkenntnisse aus Begriffen. Das ist der Schulbegriff von dieser Wissenschaft. Nach dem Weltbegriffe ist sie die Wissenschaft von den letzten Zwecken der menschlichen Vernunft. Dieser hohe Begriff giebt der Philosophie Würde, d. i. einen absoluten Werth. Und wirklich ist sie es auch, die allein nur innern Werth hat, und allen andern Erkenntnissen erst einen Werth giebt.

Man fragt doch immer am Ende, wozu dient das Philosophieren und der Endzweck desselben — die Philosophie selbst als Wissenschaft nach dem Schulbegriffe betrachtet?

In dieser scholastischen Bedeutung des Worts geht Philosophie nur auf Geschicklichkeit; in Beziehung auf den Weltbegriff dagegen auf die Nützlichkeit. In der erstern Rücksicht ist sie also eine Lehre der Geschicklichkeit; in der letztern, eine Lehre

## Einleitung.

viele nahmhafte Unterschiede haben; nemlich Mathematik und Philosophie.

Man pflegt zu behaupten, daß Mathematik und Philosophie dem Objecte nach von einander unterschieden wären, indem die erstere von der Quantität, die letztere von der Qualität handele. Alles dieses ist falsch. Der Unterschied dieser Wissenschaften kann nicht auf dem Objecte beruhen; denn Philosophie gehet auf alles, also auch auf quanta, und Mathematik zum Theil auch, so fern alles eine Größe hat. Nur die verschiedene Art des Vernunfterkenntnisses oder Vernunftgebrauches in der Mathematik und Philosophie macht allein den specifischen Unterschied zwischen diesen beyden Wissenschaften aus. Philosophie nemlich ist die Vernunfterkenntniß aus bloßen Begriffen, Mathematik hingegen die Vernunfterkenntniß aus der Construction der Begriffe.

Wir construiren Begriffe, wenn wir sie in der Anschauung a priori ohne Erfahrung darstellen, oder, wenn wir den Gegenstand in der Anschauung darstellen, der unserm Begriffe von demselben entspricht. — Der Mathematiker kann sich nie seiner Vernunft nach bloßen Begriffen; der Philosoph ihrer nie durch Construction der Begriffe bedienen. — In der Mathematik braucht man die Vernunft in concreto, die Anschauung ist aber nicht empirisch, sondern man macht sich hier etwas a priori zum Gegenstande der Anschauung.

Und

Und hierinn hat also, wie wir sehen, die Mathematik einen Vorzug vor der Philosophie, daß die Erkenntnisse der erstern intuitive, die der letztern hingegen, nur diskursive Erkenntnisse sind. Die Ursache aber, warum wir in der Mathematik mehr die Größen erwägen, liegt darinn, daß die Größen in der Anschauung a priori können construirt werden, die Qualitäten dagegen sich nicht in der Anschauung darstellen lassen.

———

Philosophie ist also das System der philosophischen Erkenntnisse oder der Vernunfterkenntnisse aus Begriffen. Das ist der Schulbegriff von dieser Wissenschaft. Nach dem Weltbegriffe ist sie die Wissenschaft von den letzten Zwecken der menschlichen Vernunft. Dieser hohe Begriff giebt der Philosophie Würde, d. i. einen absoluten Werth. Und wirklich ist sie es auch, die allein nur innern Werth hat, und allen andern Erkenntnissen erst einen Werth giebt.

Man frägt doch immer am Ende, wozu dient das Philosophieren und der Endzweck desselben — die Philosophie selbst als Wissenschaft nach dem Schulbegriffe betrachtet?

In dieser scholastischen Bedeutung des Worts geht Philosophie nur auf Geschicklichkeit; in Beziehung auf den Weltbegriff dagegen auf die Nützlichkeit. In der erstern Rücksicht ist sie also eine Lehre der Geschicklichkeit; in der letztern, eine Lehre der Weisheit; — die Gesetzgeberin der Vernunft und der Philosoph ist so ferne nicht Vernunftkünstler, sondern Gesetzgeber.

Der Vernunftkünstler, oder, wie Socrates ihn nennt, der Philodox, strebt bloß nach spekulativem Wissen, ohne darauf zu sehen, wie viel das Wissen zum letzten Zwecke der menschlichen Vernunft beyträge; er giebt Regeln für den Gebrauch der Vernunft zu allerley beliebigen Zwecken. Der practische Philosoph, der Lehrer der Weisheit durch Lehre und Beyspiel, ist der eigentliche Philosoph. Denn Philosophie ist die Idee einer vollkommenen Weisheit, die uns die letzten Zwecke der menschlichen Vernunft zeigt.

Zur Philosophie nach dem Schulbegriffe gehören zwey Stücke:

Erstlich ein zureichender Vorrath von Vernunfterkenntnissen; — Fürs andre: ein systematischer Zusammenhang dieser Erkenntnisse, oder eine Verbindung derselben in der Idee eines Ganzen.

Einen solchen streng systematischen Zusammenhang verstattet nicht nur die Philosophie, sondern sie ist sogar die einzige Wissenschaft, die im eigentlichsten Verstande einen systematischen Zusammenhang hat, und allen andern Wissenschaften systematische Einheit giebt.

Was aber Philosophie nach dem Weltbegriffe (in sensu cosmico) betrifft: so kann man sie auch eine
Wis-

Wissenschaft von der höchsten Maxime des Gebrauchs unsrer Vernunft nennen, so fern man unter Maxime das innere Princip der Wahl unter verschiedenen Zwecken versteht.

Denn Philosophie in der letztern Bedeutung ist ja die Wissenschaft der Beziehung alles Erkenntnisses und Vernunftgebrauchs auf den Endzweck der menschlichen Vernunft dem, als dem obersten, alle andern Zwecke subordinirt sind und sich in ihm zur Einheit vereinigen müssen.

Das Feld der Philosophie in dieser weltbürgerlichen Bedeutung läßt sich auf folgende Fragen bringen:

1) Was kann ich wissen? —
2) Was soll ich thun?
3) Was darf ich hoffen?
4) Was ist der Mensch?

Die erste Frage beantwortet die Metaphysik, die zweyte, die Moral, die dritte, die Religion, und die vierte, die Anthropologie. Im Grunde könnte man aber alles dieses zur Anthropologie rechnen, weil sich die drey ersten Fragen auf die letzte beziehen.

Der Philosoph muß also bestimmen können

1) die Quellen des menschlichen Wissens,
2) den Umfang des möglichen und nützlichen Gebrauchs alles Wissens, und endlich
3) die Grenzen der Vernunft. —

Das

Das letztere ist das nöthigste, aber auch das schwerste, um das sich aber der Philosoph nicht bekümmert.

Zu einem Philosophen gehören hauptsächlich zwey Dinge; 1) Cultur des Talents und der Geschicklichkeit, um sie zu allerley Zwecken zu gebrauchen. 2) Fertigkeit im Gebrauch aller Mittel zu beliebigen Zwecken. Beydes muß vereiniget seyn; denn ohne Kenntnisse wird man nie ein Philosoph werden, aber nie werden auch Kenntnisse allein den Philosophen ausmachen, wofern nicht eine zweckmäßige Verbindung aller Erkenntnisse und Geschicklichkeiten zur Einheit hinzukommt, und eine Einsicht in die Uebereinstimmung derselben mit den höchsten Zwecken der menschlichen Vernunft.

Es kann sich überhaupt keiner einen Philosophen nennen, der nicht philosophieren kann. Philosophieren läßt sich aber nur durch Uebung und selbsteigenen Gebrauch der Vernunft lernen.

Wie sollte sich auch Philosophie eigentlich lernen lassen? — Jeder philosophische Denker baut, so zu sagen, auf den Trümmern eines Andern sein eigenes Werk; nie aber ist eines zu Stande gekommen, das in allen seinen Theilen beständig gewesen wäre. Man kann daher schon aus dem Grunde Philosophie nicht lernen, weil sie noch nicht gegeben ist. Gesetzt aber auch, es wäre eine wirklich vorhanden: so so würde doch keiner, der sie auch lernte, von sich sagen können, daß er ein Philosoph sey; denn seine Kenntniß davon wäre doch immer nur subjectiv-historisch.

In der Mathematik verhält sich die Sache anders. Diese Wissenschaft kann man wohl gewissermaßen lernen; denn die Beweise sind hier so evident, daß ein jeder davon überzeugt werden kann; auch kann sie ihrer Evidenz wegen, als eine gewisse und beständige Lehre, gleichsam aufbehalten werden.

Der philosophieren lernen will, darf dagegen alle Systeme der Philosophie nur als Geschichte des Gebrauchs der Vernunft ansehen und als Objecte der Uebung seines philosophischen Talents.

Der wahre Philosoph muß also als Selbstdenker einen freyen und selbsteigenen, keinen sklavisch nachahmenden Gebrauch von seiner Vernunft machen. Aber auch keinen dialectischen, d. i. keinen solchen Gebrauch, der nur darauf abzweckt, den Erkenntnissen einen Schein von Wahrheit und Weisheit zu geben. Dieses ist das Geschäft des bloßen Sophisten; aber mit der Würde des Philosophen, als eines Kenners und Lehrers der Weisheit, durchaus unverträglich.

Denn Wissenschaft hat einen innern wahren Werth nur als Organ der Weisheit. Als solches ist sie ihr aber auch unentbehrlich, so daß man wohl behaupten darf: Weißheit ohne Wissenschaft sey ein Schattenriß von einer Vollkommenheit, zu der wir nie gelangen werden.

Der die Wissenschaft hasset, um desto mehr aber die Weisheit liebet, den nennt man einen Misologen. Die Misologie entspringt gemeiniglich aus einer Leerheit von wissenschaftlichen Kenntnissen und einer gewissen damit verbundenen Art von Eitelkeit. Zuweilen verfallen aber auch diejenigen in den Fehler der Misologie, welche Anfangs mit großem Fleiße und Glücke den Wissenschaften nachgegangen waren, am Ende aber in ihrem ganzen Wissen keine Befriedigung fanden.

Philosophie ist die einzige Wissenschaft, die uns diese innere Genugthuung zu verschaffen weiß; denn sie schließt gleichsam den wissenschaftlichen Cirkel und durch sie erhalten sodann erst die Wissenschaften Ordnung und Zusammenhang.

Wir werden also zum Behuf der Uebung im Selbstdenken oder Philosophieren, mehr auf die Methode unsers Vernunftgebrauchs zu sehen haben, als auf die Sätze selbst, zu denen wir durch dieselbe gekommen sind.

———

IV.

## IV.
### Kurzer Abriß einer Geschichte der Philosophie.

Es macht einige Schwierigkeit, die Gränzen zu bestimmen, wo der gemeine Verstandesgebrauch aufhört und der spekulative anfängt; oder, wo gemeine Vernunfterkenntniß Philosophie wird.

Indessen giebt es doch hier ein ziemlich sicheres Unterscheidungsmerkmal, nemlich folgendes:

Die Erkenntniß des Allgemeinen in abstracto ist spekulative Erkenntniß; — die Erkenntniß des Allgemeinen in concreto, gemeine Erkenntniß. — Philosophische Erkenntniß ist spekulative Erkenntniß der Vernunft, und sie fängt also da an, wo der gemeine Vernunftgebrauch anhebt, Versuche in der Erkenntniß des Allgemeinen in abstracto zu machen. —

Aus dieser Bestimmung des Unterschiedes zwischen gemeinem und spekulativem Vernunftgebrauche läßt sich nun beurtheilen, von welchem Volke man den Anfang des Philosophierens datiren müsse. Unter allen Völkern haben also die Griechen erst angefangen zu philosophieren. Denn sie haben zuerst versucht, nicht an dem Leitfaden der Bilder die Vernunfterkenntnisse zu cultiviren, sondern in abstracto; statt daß die andern Völker sich die Begriffe immer nur durch Bilder in concreto verständlich zu machen suchten. So giebt es noch heutiges Tages Völker, wie die Chineser und

sie ihr aber auch unentbehrlich, so daß man wohl behaupten darf: Weisheit ohne Wissenschaft sey ein Schattenriß von einer Vollkommenheit, zu der wir nie gelangen werden.

Der die Wissenschaft hasset, um besto mehr aber die Weisheit liebet, den nennt man einen Misologen. Die Misologie entspringt gemeiniglich aus einer Leerheit von wissenschaftlichen Kenntnissen und einer gewissen damit verbundenen Art von Eitelkeit. Zuweilen verfallen aber auch diejenigen in den Fehler der Misologie, welche Anfangs mit großem Fleiße und Glücke den Wissenschaften nachgegangen waren, am Ende aber in ihrem ganzen Wissen keine Befriedigung fanden.

Philosophie ist die einzige Wissenschaft, die uns diese innere Genugthuung zu verschaffen weiß; denn sie schließt gleichsam den wissenschaftlichen Cirkel und durch sie erhalten sodann erst die Wissenschaften, Ordnung und Zusammenhang.

Wir werden also zum Behuf der Uebung im Selbstdenken oder Philosophieren, mehr auf die Methode unsers Vernunftgebrauchs zu sehen haben, als auf die Sätze selbst, zu denen wir durch dieselbe gekommen sind.

IV.

## IV.
### Kurzer Abriß einer Geschichte der Philosophie.

Es macht einige Schwierigkeit, die Gränzen zu bestimmen, wo der gemeine Verstandesgebrauch aufhört und der spekulative anfängt; oder, wo gemeine Vernunfterkenntniß Philosophie wird.

Indessen giebt es doch hier ein ziemlich sicheres Unterscheidungsmerkmal, nemlich folgendes:

Die Erkenntniß des Allgemeinen in abstracto ist spekulative Erkenntniß; — die Erkenntniß des Allgemeinen in concreto, gemeine Erkenntniß. — Philosophische Erkenntniß ist spekulative Erkenntniß der Vernunft, und sie fängt also da an, wo der gemeine Vernunftgebrauch anhebt, Versuche in der Erkenntniß des Allgemeinen in abstracto zu machen. —

Aus dieser Bestimmung des Unterschiedes zwischen gemeinem und spekulativem Vernunftgebrauche läßt sich nun beurtheilen, von welchem Volke man den Anfang des Philosophierens datiren müsse. Unter allen Völkern haben also die Griechen erst angefangen zu philosophieren. Denn sie haben zuerst versucht, nicht an dem Leitfaden der Bilder die Vernunfterkenntnisse zu cultiviren, sondern in abstracto; statt daß die andern Völker sich die Begriffe immer nur durch Bilder in concreto verständlich zu machen suchten. So giebt es noch heutiges Tages Völker, wie die Chineser und

und einige Indianer, die zwar von Dingen, welche bloß aus der Vernunft hergenommen sind, als von Gott, der Unsterblichkeit der Seele u. dgl. m. handeln, aber doch die Natur dieser Gegenstände nicht nach Begriffen und Regeln in abstracto zu erforschen suchen. Sie machen hier keine Trennung zwischen dem Vernunftgebrauche in concreto und dem in abstracto. Bey den Persern und Arabern findet sich zwar einiger spekulativer Vernunftgebrauch; allein die Regeln dazu haben sie vom Aristoteles, also doch von den Griechen entlehnt. In Zoroasters Zendavesta entdeckt man nicht die geringste Spur von Philosophie. Eben dieses gilt auch von der gepriesenen Egyptischen Weisheit, die in Vergleichung mit der Griechischen Philosophie ein bloßes Kinderspiel gewesen ist.

Wie in der Philosophie, so sind auch in Ansehung der Mathematik die Griechen die Ersten gewesen, welche diesen Theil des Vernunfterkenntnisses nach einer spekulativen, wissenschaftlichen Methode cultivirten, indem sie jeden Lehrsatz aus Elementen demonstrirt haben.

Wenn und Wo aber unter den Griechen der philosophische Geist zuerst entsprungen sey, das kann man eigentlich nicht bestimmen.

Der erste, welcher den Gebrauch der spekulativen Vernunft einführte, und von dem man auch die ersten Schritte des menschlichen Verstandes zur wissenschaftlichen Cultur herleitete, ist Thales, der Urheber der Jonischen Secte. Er führte den Beynamen Physiker, wiewohl er auch Mathematiker war; so wie überhaupt Mathematik der Philosophie immer vorangegangen ist.

Uebrigens kleideten die ersten Philosophen alles in Bilder ein. Denn Poesie, die nichts anders ist, als eine Einkleidung der Gedanken in Bilder, ist älter als die Prose. Man mußte sich daher Anfangs selbst bey Dingen, die lediglich Objecte der reinen Vernunft sind, der Bildersprache und poetischen Schreibart bedienen. Pherezydes soll der erste prosaische Schriftsteller gewesen seyn.

Auf die Jonier folgten die Eleatiker. — Der Grundsatz der Eleatischen Philosophie und ihres Stifters Xenophanes war: in den Sinnen ist Täuschung und Schein, nur im Verstande allein liegt die Quelle der Wahrheit. —

Unter den Philosophen dieser Schule zeichnete sich Zeno als ein Mann von großem Verstande und Scharfsinne und als ein subtiler Dialectiker aus.

Die Dialectik bedeutete Anfangs die Kunst des reinen Verstandesgebrauchs in Ansehung abstracter, von aller Sinnlichkeit abgesonderter Begriffe. Daher die vielen Lobeserhebungen dieser Kunst bey den Alten. In der Folge, als diejenigen Philosophen, welche gänzlich

und einige Indianer, die zwar von Dingen, welche bloß aus der Vernunft hergenommen sind, als von Gott, der Unsterblichkeit der Seele u. dgl. m. handeln, aber doch die Natur dieser Gegenstände nicht nach Begriffen und Regeln in abstracto zu erforschen suchen. Sie machen hier keine Trennung zwischen dem Vernunftgebrauche in concreto und dem in abstracto. Bey den Persern und Arabern findet sich zwar einiger spekulativer Vernunftgebrauch; allein die Regeln dazu haben sie vom Aristoteles, also doch von den Griechen entlehnt. In Zoroasters Zendavesta entdeckt man nicht die geringste Spur von Philosophie. Eben dieses gilt auch von der gepriesenen Egyptischen Weisheit, die in Vergleichung mit der Griechischen Philosophie ein bloßes Kinderspiel gewesen ist.

Wie in der Philosophie, so sind auch in Ansehung der Mathematik die Griechen die Ersten gewesen, welche diesen Theil des Vernunfterkenntnisses nach einer spekulativen, wissenschaftlichen Methode cultivirten, indem sie jeden Lehrsatz aus Elementen demonstrirt haben.

Wenn und Wo aber unter den Griechen der philosophische Geist zuerst entsprungen sey, das kann man eigentlich nicht bestimmen.

Der erste, welcher den Gebrauch der spekulativen Vernunft einführte, und von dem man auch die ersten Schritte des menschlichen Verstandes zur wissenschaftlichen

chen Cultur herleitete, ist Thales, der Urheber der Jonischen Secte. Er führte den Beynamen Physiker, wiewohl er auch Mathematiker war; so wie überhaupt Mathematik der Philosophie immer vorangegangen ist.

Uebrigens kleideten die ersten Philosophen alles in Bilder ein. Denn Poesie, die nichts anders ist, als eine Einkleidung der Gedanken in Bilder, ist älter als die Prose. Man mußte sich daher Anfangs selbst bey Dingen, die lediglich Objecte der reinen Vernunft sind, der Bildersprache und poetischen Schreibart bedienen. Pherezydes soll der erste prosaische Schriftsteller gewesen seyn.

Auf die Jonier folgten die Eleatiker. — Der Grundsatz der Eleatischen Philosophie und ihres Stifters Xenophanes war: in den Sinnen ist Täuschung und Schein, nur im Verstande allein liegt die Quelle der Wahrheit. —

Unter den Philosophen dieser Schule zeichnete sich Zeno als ein Mann von großem Verstande und Scharfsinne und als ein subtiler Dialectiker aus.

Die Dialectik bedeutete Anfangs die Kunst des reinen Verstandesgebrauchs in Ansehung abstracter, von aller Sinnlichkeit abgesonderter Begriffe. Daher die vielen Lobeserhebungen dieser Kunst bey den Alten. In der Folge, als diejenigen Philosophen, welche gänzlich

lich das Zeugniß der Sinne verwarfen, bey dieser Behauptung nothwendig auf viele Subtilitäten verfallen mußten, artete Dialectik in die Kunst aus, jeden Satz zu behaupten und zu bestreiten. Und so ward sie eine bloße Uebung für die Sophisten, die über alles raisonniren wollten und sich darauf legten, dem Scheine den Anstrich des Wahren zu geben, und schwarz, weiß zu machen. Deswegen wurde auch der Name Sophist, unter dem man sich sonst einen Mann dachte, der über alle Sachen vernünftig und einsichtsvoll reden konnte, jetzt so verhaßt und verächtlich, und statt desselben der Name Philosoph eingeführt.

———

Um die Zeit der Jonischen Schule stand in Groß-Griechenland ein Mann von seltsamen Genie auf, welcher nicht nur auch eine Schule errichtete, sondern zugleich ein Project entwarf und zu Stande brachte, das seines Gleichen noch nie gehabt hatte. Dieser Mann war Pythagoras zu Samos geboren. — Er stiftete nemlich eine Sozietät von Philosophen, die durch das Gesetz der Verschwiegenheit zu einem Bunde unter sich vereiniget waren. Seine Zuhörer theilte er in zwey Klassen ein; in die der Akusmatiker ($\alpha\kappa\upsilon\sigma\mu\alpha\vartheta\iota\kappa\omicron\iota$), die bloß hören mußten, und die der Akroamatiker ($\alpha\kappa\rho\omicron\alpha\mu\alpha\vartheta\iota\kappa\omicron\iota$), die auch fragen durften.

Unter seinen Lehren gab es einige exoterische, die er dem ganzen Volke vortrug; die übrigen waren

geheim

geheim und esoterisch, nur für die Mitglieder seines Bundes bestimmt, von denen er einige in seine vertrauteste Freundschaft aufnahm und von den übrigen ganz absonderte. — Zum Behikel seiner geheimen Lehren machte er Physik und Theologie; also die Lehre des Sichtbaren und des Unsichtbaren. Auch hatte er verschiedene Symbole, die vermuthlich nichts anders als gewisse Zeichen gewesen sind, welche den Pythagordern dazu gedient haben, sich unter einander zu verständigen.

Der Zweck seines Bundes scheint kein anderer gewesen zu seyn, als: die Religion von dem Wahn des Volks zu reinigen, die Tyranney zu mäßigen und mehrere Gesetzmäßigkeit in die Staaten einzuführen. Dieser Bund aber, den die Tyrannen zu fürchten anfiengen, wurde kurz vor Pythagoras Tode zerstört, und diese philosophische Gesellschaft aufgelöst, theils durch Hinrichtung, theils durch die Flucht und Verbannung des größten Theils der Verbündeten. Die Wenigen, welche noch übrig blieben, waren Novizen. Und da diese nicht viel von des Pythagoras eigenthümlichen Lehren wußten: so kann man davon auch nichts gewisses und bestimmtes sagen. In der Folge hat man dem Pythagoras, der übrigens auch ein sehr mathematischer Kopf war, viele Lehren zugeschrieben, die aber gewiß nur erdichtet sind.

Die wichtigste Epoke der Griechischen Philosophie hebt endlich mit dem Socrates an. Denn er war es, welcher dem philosophischen Geiste und allen spekulativen Köpfen eine ganz neue practische Richtung gab. Auch ist er fast unter allen Menschen der einzige gewesen, dessen Verhalten der Idee eines Weisen am nächsten kommt.

Unter seinen Schülern ist Plato, der sich mehr mit den practischen Lehren des Socrates beschäftigte; und unter den Schülern des Plato Aristoteles, welcher die spekulative Philosophie wieder höher brachte, der berühmteste.

Auf Plato und Aristoteles folgten die Epikurder und die Stoiker, welche beyde die abgesagtesten Feinde von einander waren. Jene setzten das höchste Gut in ein fröhliches Herz, das sie die Wollust nannten; diese fanden es einzig in der Hoheit und Stärke der Seele, bey welcher man alle Annehmlichkeiten des Lebens entbehren könne.

Die Stoiker waren übrigens in der spekulativen Philosophie dialectisch; in der Moralphilosophie dogmatisch, und zeigten in ihren practischen Principien, wodurch sie den Saamen zu den erhabensten Gesinnungen, die je existirten, ausgestreut haben, ungemein viele Würde. — Der Stifter der Stoischen Schule ist Zeno aus Cittium. Die berühmtesten Männer

# Einleitung.

Männer aus dieser Schule unter den Griechischen Weltweisen sind Cleanth und Chrysipp.

Die Epikurische Schule hat nie in den Ruf kommen können, worinn die Stoische war. Was man aber auch immer von den Epikurdern sagen mag; — so viel ist gewiß: sie bewiesen die größte Mäßigung im Genusse, und waren die besten Naturphilosophen unter allen Denkern Griechenlands. —

Noch merken wir hier an, daß die vornehmsten griechischen Schulen besondre Namen führten. So hieß die Schule des Plato, Akademie, die des Aristoteles, Lyceum, die Schule der Stoiker Porticus (ςοη), ein bedeckter Gang, wovon der Name Stoiker sich herschreibt; — die Schule des Epikurs Horti, weil Epipur in Gärten lehrte.

Auf Platos Akademie folgten noch drey andre Akademien, die von seinen Schülern gestiftet wurden. Die erste stiftete Speusippus, die zweyte Arcesilaus, und die dritte Carneades.

Diese Akademien neigten sich zum Skepticismus hin. Speusippus und Arcesilaus — Beyde stimmten ihre Denkart zur Skepsis, und Carneades trieb es darinn noch höher. Um deswillen werden die Skeptiker, diese subtilen, dialectischen Philosophen, auch Akademiker genannt. Die Akademiker folgten also dem ersten großen Zweifler Pyrrho und dessen

Nachfolgern. Dazu hatte ihnen ihr Lehrer Plato selbst Anlaß gegeben, indem er viele seiner Lehren dialogisch vortrug, so daß Gründe pro und contra angeführt wurden, ohne daß er selbst darüber entschied, ob er gleich sonst sehr dogmatisch war.

Fängt man die Epoke des Skepticismus mit dem Pyrrho an, so bekommt man eine ganze Schule von Skeptikern, die sich in ihrer Denkart und Methode des Philosophierens von den Dogmatikern wesentlich unterschieden, indem sie es zur ersten Maxime alles philosophierenden Vernunftgebrauchs machten: auch selbst bey dem größten Scheine der Wahrheit sein Urtheil zurückzuhalten; und das Princip aufstellten: die Philosophie bestehe im Gleichgewichte des Urtheilens, und lehre uns, den falschen Schein aufzudeken. — Von diesen Skeptikern ist uns aber weiter nichts übrig geblieben, als die beyden Werke des Sextus Empirikus, worinn er alle Zweifel zusammengebracht hat.

———

Als in der Folge die Philosophie von den Griechen zu den Römern übergieng, hat sie sich nicht erweitert; denn die Römer blieben immer nur Schüler.

Cicero war in der spekulativen Philosophie ein Schüler des Plato, in der Moral ein Stoiker. Zur Stoischen Sekte gehörten Epictet, Antonin der Philo-

Philosoph und Seneka als die berühmtesten. Naturlehrer gab es unter den Römern nicht, außer Plinius dem jüngern, der eine Naturbeschreibung hinterlassen hat.

Endlich verschwand die Cultur auch bey den Römern und es entstand Barbarey, bis die Araber im 6ten und 7ten Jahrhundert anfiengen, sich auf die Wissenschaften zu legen, und den Aristoteles wieder in Flor zu bringen. Nun kamen also die Wissenschaften im Occident wieder empor und insbesondre das Ansehen des Aristoteles, dem man aber auf eine sklavische Weise folgte. Im 11ten und 12ten Jahrhundert traten die Scholastiker auf; sie erläuterten den Aristoteles und trieben seine Subtilitäten ins Unendliche. Man beschäftigte sich mit nichts als lauter Abstractionen. — Diese scholastische Methode des Afterphilosophierens wurde zur Zeit der Reformation verdrängt; und nun gab es Eklektiker in der Philosophie, d. i. solche Selbstdenker, die sich zu keiner Schule bekannten, sondern die Wahrheit suchten und annahmen, wo sie sie fanden.

Ihre Verbesserung in den neueren Zeiten verdankt aber die Philosophie theils dem größern Studium der Natur, theils der Verbindung der Mathematik mit der Naturwissenschaft. Die Ordnung, welche durch das Studium dieser Wissenschaften im Denken entstand, breitete sich auch über die besondern Zweige und Theile der eigentlichen Weltweisheit aus. Der erste und größte Naturforscher der neuern Zeit war Bako von Verulamio. Er betrat bey seinen Untersuchungen den Weg der Erfahrung, und machte auf die Wichtigkeit und Unentbehrlichkeit der Beobachtungen und Versuche zu Entdeckung der Wahrheit aufmerksam. Es ist übrigens schwer zu sagen, von wo die Verbesserung der spekulativen Philosophie eigentlich herkommt. Ein nicht geringes Verdienst um dieselbe erwarb sich Descartes, indem er viel dazu beytrug, dem Denken Deutlichkeit zu geben, durch sein aufgestelltes Criterium der Wahrheit, das er in die Klarheit und Evidenz der Erkenntniß setzte.

Unter die größten und verdienstvollsten Reformatoren der Philosophie zu unsern Zeiten ist aber Leibnitz und Locke zu rechnen. Der letztere suchte den menschlichen Verstand zu zergliedern und zu zeigen, welche Seelenkräfte und welche Operationen derselben zu dieser oder jener Erkenntniß gehörten. Aber er hat das Werk seiner Untersuchung nicht vollendet; auch ist sein Verfahren dogmatisch, wiewohl er den Nutzen stiftete, daß man anfieng, die Natur der Seele besser und gründlicher zu studieren.

Was die besondre, Leibnitzen und Wolffen eigene, dogmatische Methode des Philosophierens betrifft: so war dieselbe sehr fehlerhaft. Auch liegt darinn so viel täuschendes, daß es wohl nöthig ist, das ganze Verfahren zu suspendiren und statt dessen ein anderes — die Methode des critischen Philosophirens, in Gang zu bringen, die darinn besteht, das Verfahren der Vernunft selbst zu untersuchen, das gesammte menschliche Erkenntnißvermögen zu zergliedern und zu prüfen: wie weit die Grenzen desselben wohl gehen mögen.

In unserm Zeitalter ist Naturphilosophie im blühendsten Zustande, und unter den Naturforschern giebt es große Namen, z. B. Newton. — Neuere Philosophen lassen sich jetzt, als ausgezeichnete und bleibende Namen, eigentlich nicht nennen, weil hier Alles gleichsam im Flusse fortgeht. Was der eine baut, reißt der andre nieder.

In der Moralphilosophie sind wir nicht weiter gekommen als die Alten. Was aber Metaphysik betrifft: so scheint es, als wären wir bey Untersuchung metaphysischer Wahrheiten stutzig geworden. Es zeigt sich jetzt eine Art von Indifferentism gegen diese Wissenschaft, da man es sich zur Ehre zu machen scheint, von metaphysischen Nachforschungen, als von bloßen Grübeleyen, verächtlich zu reden. Und doch ist Metaphysik die eigentliche, wahre Philosophie! —

Unser Zeitalter ist das Zeitalter der Critik, und man muß sehen, was aus den critischen Versuchen unsrer Zeit, in Absicht auf Philosophie und insbesondre, werden wird.

---

### V.

**Erkenntniß überhaupt. — Intuitive und discursive Erkenntniß; Anschauung und Begriff, und deren Unterschied insbesondre. — Logische und ästhetische Vollkommenheit des Erkenntnisses. —**

Alle unsre Erkenntniß hat eine zwiefache Beziehung; erstlich, eine Beziehung auf das Object, zweytens, eine Beziehung auf das Subject. In der erstern Rücksicht bezieht sie sich auf Vorstellung; in der letztern aufs Bewußtseyn, die allgemeine Bedingung alles Erkenntnisses überhaupt. — (Eigentlich ist das Bewußtseyn eine Vorstellung, daß eine andre Vorstellung in mir ist.)

In jeder Erkenntniß muß unterschieden werden Materie, d. i. der Gegenstand, und Form, d. i. die Art, wie wir den Gegenstand erkennen. — Sieht z. B. ein Wilder ein Haus aus der Ferne, dessen Gebrauch er nicht kennt: so hat er zwar eben dasselbe Object, wie ein Anderer, der es bestimmt als eine für Menschen eingerichtete Wohnung kennt, in der Vorstellung vor sich. Aber der Form nach ist dieses Erkenntniß

# Einleitung.

viel Kentniß Eines und desselben Objects in Beyden verschieden. Bey dem Einen ist es bloße **Anschauung,** bey dem Andern **Anschauung und Begriff zugleich.**

Die Verschiedenheit der Form des Erkenntnisses beruht auf einer Bedingung, die alles Erkennen begleitet — auf dem **Bewußtseyn.** Bin ich mir der Vorstellung bewußt: so ist sie **klar;** bin ich mir derselben nicht bewußt, **dunkel.**

Da das Bewußtseyn die wesentliche Bedingung aller logischen Form der Erkenntnisse ist: so kann und darf sich die Logik auch nur mit klaren, nicht aber mit dunkeln Vorstellungen beschäftigen. Wir sehen in der Logik nicht: wie Vorstellungen entspringen; sondern lediglich, wie dieselben mit der logischen Form übereinstimmen. — Ueberhaupt kann die Logik auch gar nicht von den bloßen Vorstellungen und deren Möglichkeit handeln. Das überläßt sie der Metaphysik. Sie selbst beschäftiget sich bloß mit den Regeln des Denkens bey Begriffen, Urtheilen und Schlüssen, als wodurch alles Denken geschieht. Freylich geht etwas vorher, ehe eine Vorstellung Begriff wird. Das werden wir an seinem Orte auch anzeigen. Wir werden aber nicht untersuchen: Wie Vorstellungen entspringen? — Zwar handelt die Logik auch vom Erkennen, weil beym Erkennen schon Denken statt findet. Aber Vorstellung ist noch nicht Erkenntniß, sondern Erkenntniß setzt immer Vorstellung voraus. Und diese letztere läßt sich auch durchaus nicht erklären. Denn man müßte, was Vorstellung sey? doch immer wiederum durch eine andre Vorstellung erklären.

Alle klare Vorstellungen, auf die sich allein die logischen Regeln anwenden lassen, können nun unterschieden werden in Ansehung der **Deutlichkeit** und **Undeutlichkeit**. Sind wir uns der ganzen Vorstellung bewußt, nicht aber des Mannigfaltigen, das in ihr enthalten ist: so ist die Vorstellung undeutlich. — Zu Erläuterung der Sache zuerst ein Beyspiel in der Anschauung.

Wir erblicken in der Ferne ein Landhaus. Sind wir uns bewußt, daß der angeschaute Gegenstand ein Haus ist; so müssen wir nothwendig doch auch eine Vorstellung von den verschiedenen Theilen dieses Hauses — den Fenstern, Thüren u. s. w. — haben. Denn sähen wir die Theile nicht; so würden wir auch das Haus selbst nicht sehen. Aber wir sind uns dieser Vorstellung von dem Mannigfaltigen seiner Theile nicht bewußt und unsre Vorstellung von dem gedachten Gegenstande selbst ist daher eine undeutliche Vorstellung.

Wollen wir ferner ein Beyspiel von Undeutlichkeit in Begriffen: so möge der Begriff der Schönheit dazu dienen. Ein jeder hat von der Schönheit einen klaren Begriff. Allein es kommen in diesem Begriffe verschiedene Merkmahle vor; unter andern, daß das Schöne etwas seyn müsse, das 1) in die Sinne fällt, und das 2) allgemein gefällt. Können wir uns nun das Mannig-

### Einleitung.

nigfaltige dieser und andrer Merkmahle des Schönen nicht auseinander setzen: so ist unser Begriff davon doch immer noch undeutlich.

Die undeutliche Vorstellung nennen Wolffs Schüler eine verworrene. Allein dieser Ausdruck ist nicht passend, weil das Gegentheil von Verwirrung nicht Deutlichkeit, sondern Ordnung ist. Zwar ist Deutlichkeit eine Wirkung der Ordnung, und Undeutlichkeit eine Wirkung der Verwirrung; und es ist also jede verworrene Erkenntniß auch eine undeutliche. Aber der Satz gilt nicht umgekehrt; — nicht alle undeutliche Erkenntniß ist eine verworrene. Denn bey Erkenntnissen, in denen kein Mannigfaltiges vorhanden ist, findet keine Ordnung, aber auch keine Verwirrung statt.

Diese Bewandtniß hat es mit allen einfachen Vorstellungen, die nie deutlich werden; nicht, weil in ihnen Verwirrung, sondern weil in ihnen kein Mannigfaltiges anzutreffen ist. Man muß sie daher undeutlich, aber nicht verworren nennen.

Und auch selbst bey den zusammengesetzten Vorstellungen, in denen sich ein Mannigfaltiges von Merkmahlen unterscheiden läßt, rührt die Undeutlichkeit oft nicht her von Verwirrung, sondern von Schwäche des Bewußtseyns. Es kann nemlich etwas deutlich seyn der Form nach; d. h. ich kann mir des Mannigfaltigen in der Vorstellung bewußt seyn; aber der Materie nach kann die Deutlichkeit abnehmen, wenn

der-

der Grad des Bewußtseyns kleiner wird, obgleich alle Ordnung da ist. Dieses ist der Fall mit abstracten Vorstellungen.

Die Deutlichkeit selbst kann eine zwiefache seyn:

**Erstlich, eine sinnliche.** — Diese besteht in dem Bewußtseyn des Mannigfaltigen in der Anschauung. Ich sehe z. B. die Milchstraße als einen weißlichten Streifen; die Lichtstrahlen von den einzelnen in demselben befindlichen Sternen müssen nothwendig in mein Auge gekommen seyn. Aber die Vorstellung davon war nur klar und wird durch das Teleskop erst deutlich, weil ich jetzt die einzelnen in jenem Milchstreifen enthaltenen Sterne erblicke.

**Zweytens eine intellectuelle.** — Deutlichkeit in Begriffen oder Verstandesdeutlichkeit. — Diese beruht auf der Zergliederung des Begriffs in Ansehung des Mannigfaltigen, das in ihm enthalten liegt. — So sind z. B. in dem Begriffe der Tugend als Merkmahle enthalten 1) der Begriff der Freyheit, 2) der Begriff der Anhänglichkeit an Regeln (der Pflicht), 3) der Begriff von Ueberwältigung der Macht der Neigungen, wofern sie jenen Regeln widerstreiten. Lösen wir nun so den Begriff der Tugend in seine einzelnen Bestandtheile auf; so machen wir ihn eben durch diese Analyse uns deutlich. Durch diese Deutlichmachung selbst aber setzen wir zu einem Begriffe nichts hinzu; wir erklären ihn nur. Es werden daher

daher bey der Deutlichkeit die Begriffe nicht der Materie, sondern nur der Form nach verbessert.

---

Reflectiren wir auf unsre Erkenntnisse in Ansehung der beyden wesentlich verschiedenen Grundvermögen der Sinnlichkeit und des Verstandes, woraus sie entspringen: so treffen wir hier auf den Unterschied zwischen Anschauungen und Begriffen. Alle unsre Erkenntnisse nemlich sind, in dieser Rücksicht betrachtet, entweder **Anschauungen** oder **Begriffe**. Die erstern haben ihre Quelle in der **Sinnlichkeit** — dem Vermögen der Anschauungen; die letztern, im **Verstande** — dem Vermögen der Begriffe. Dieses ist der **logische** Unterschied zwischen Verstand und Sinnlichkeit, nach welchem diese nichts als Anschauungen, jener hingegen nichts als Begriffe liefert. — Beyde Grundvermögen lassen sich freylich auch noch von einer andern Seite betrachten und auf eine andre Art definiren; nemlich, die Sinnlichkeit als ein Vermögen der **Receptivität**, der Verstand als ein Vermögen der **Spontaneität**. Allein diese Erklärungsart ist nicht logisch, sondern **metaphysisch**. — Man pflegt die Sinnlichkeit auch das **niedere**, den Verstand dagegen das **obere** Vermögen zu nennen; aus dem Grunde, weil die Sinnlichkeit den bloßen Stoff zum Denken giebt, der Verstand aber über diesen Stoff disponirt und denselben unter Regeln oder Begriffe bringt.

Auf den hier angegebenen Unterschied zwischen intuitiven und discursiven Erkenntnissen, oder zwischen Anschauungen und Begriffen gründet sich die Verschiedenheit der ästhetischen und der logischen Vollkommenheit des Erkenntnisses.

Ein Erkenntniß kann vollkommen seyn, entweder nach Gesetzen der Sinnlichkeit, oder nach Gesetzen des Verstandes; im erstern Falle ist es ästhetisch, im andern logisch vollkommen. Beyde, die ästhetische und die logische Vollkommenheit, sind also von verschiedener Art; — die erstere bezieht sich auf die Sinnlichkeit, die letztere, auf den Verstand. — Die logische Vollkommenheit des Erkenntnisses beruht auf seiner Uebereinstimmung mit dem Objecte; also auf allgemeingültigen Gesetzen, und läßt sich mithin auch nach Normen a priori beurtheilen. Die ästhetische Vollkommenheit besteht in der Uebereinstimmung des Erkenntnisses mit dem Subjecte, und gründet sich auf die besondre Sinnlichkeit des Menschen. Es finden daher bey der ästhetischen Vollkommenheit keine objectiv- und allgemeingültigen Gesetze statt, in Beziehung auf welche sie sich a priori auf eine für alle denkende Wesen überhaupt allgemeingeltende Weise beurtheilen ließe. So fern es indessen auch allgemeine Gesetze der Sinnlichkeit giebt, die, obgleich nicht objectiv und für alle denkende Wesen überhaupt, doch subjectiv für die gesammte Menschheit Gültigkeit haben: läßt sich auch eine ästhetische Vollkommenheit denken, die den Grund eines

sub-

subjectiv-allgemeinen Wohlgefallens enthält. Dieses ist die Schönheit. — das, was den Sinnen in der Anschauung gefällt und eben darum der Gegenstand eines allgemeinen Wohlgefallens seyn kann, weil die Gesetze der Anschauung, allgemeine Gesetze der Sinnlichkeit sind.

Durch diese Uebereinstimmung mit den allgemeinen Gesetzen der Sinnlichkeit unterscheidet sich der Art nach das eigentliche, selbstständige Schöne, dessen Wesen in der bloßen Form besteht, von dem Angenehmen, das lediglich in der Empfindung durch Reiz oder Rührung gefällt, und um deswillen auch nur der Grund eines bloßen Privat-Wohlgefallens seyn kann.

Diese wesentliche ästhetische Vollkommenheit ist es auch, welche unter allen mit der logischen Vollkommenheit sich verträgt, und am besten mit ihr verbinden läßt.

Von dieser Seite betrachtet kann also die ästhetische Vollkommenheit in Ansehung jenes wesentlich Schönen der logischen Vollkommenheit vortheilhaft seyn. In einer andern Rücksicht ist sie ihr aber auch nachtheilig, so fern wir bey der ästhetischen Vollkommenheit nur auf das außerwesentlich Schöne sehen — das Reizende oder Rührende, was den Sinnen in der bloßen Empfindung gefällt und nicht auf die bloße Form, sondern die Materie der Sinnlichkeit sich bezieht.

Denn

Denn Reiz und Rührung können die logische Vollkommenheit in unsern Erkenntnissen und Urtheilen am meisten verderben.

Ueberhaupt bleibt wohl freylich zwischen der ästhetischen und der logischen Vollkommenheit unsers Erkenntnisses immer eine Art von Widerstreit, der nicht völlig gehoben werden kann. Der Verstand will belehrt, die Sinnlichkeit belebt seyn; der erste begehrt Einsicht, die zweyte, Faßlichkeit. Sollen Erkenntnisse unterrichten: so müssen sie in so ferne gründlich seyn; sollen sie zugleich unterhalten, so müssen sie auch schön seyn. Ist ein Vortrag schön, aber seicht, so kann er nur der Sinnlichkeit, aber nicht dem Verstande; ist er umgekehrt gründlich, aber trocken — nur dem Verstande, aber nicht auch der Sinnlichkeit gefallen.

Da es indessen das Bedürfniß der menschlichen Natur und der Zweck der Popularität des Erkenntnisses erfordert, daß wir beyde Vollkommenheiten mit einander zu vereinigen suchen: so müssen wir es uns auch angelegen seyn lassen, denjenigen Erkenntnissen, die überhaupt einer ästhetischen Vollkommenheit fähig sind, dieselbe zu verschaffen und eine schulgerechte, logisch vollkommene Erkenntniß durch die ästhetische Form popular zu machen. Bey diesem Bestreben, die ästhetische mit der logischen Vollkommenheit in unsern Erkenntnissen zu verbinden, müssen wir aber folgende Regeln nicht aus der Acht lassen; nemlich 1) daß die

logische

logische Vollkommenheit die Basis aller übrigen Vollkommenheiten sey und daher keiner andern gänzlich nachstehen oder aufgeopfert werden dürfe; 2) daß man hauptsächlich auf die *formale ästhetische Vollkommenheit* sehe — die Uebereinstimmung einer Erkenntniß mit den Gesetzen der Anschauung — weil gerade hierinn das wesentlich Schöne besteht, das mit der logischen Vollkommenheit sich am besten vereinigen läßt; 3) daß man mit Reitz und Rührung, wodurch ein Erkenntniß auf die Empfindung wirkt und für dieselbe ein Interesse erhält, sehr behutsam seyn müsse, weil hierdurch so leicht die Aufmerksamkeit vom Object auf das Subject kann gezogen werden, woraus denn augenscheinlich ein sehr nachtheiliger Einfluß auf die logische Vollkommenheit des Erkenntnisses entstehen muß.

---

Um die wesentlichen Verschiedenheiten, die zwischen der logischen und der ästhetischen Vollkommenheit des Erkenntnisses statt finden, nicht bloß im Allgemeinen, sondern von mehreren besondern Seiten noch kenntlicher zu machen, wollen wir sie beyde unter einander vergleichen in Rücksicht auf die vier Hauptmomente der Quantität, der Qualität, der Relation und der Modalität, worauf es bey Beurtheilung der Vollkommenheit des Erkenntnisses ankommt.

Ein Erkenntniß ist vollkommen 1) der Quantität nach, wenn es *allgemein* ist; 2) der Qualität nach, wenn es **deutlich ist;** 3) der Relation nach, wenn es **wahr ist,** und endlich 4) der Modalität nach, wenn es **gewiß ist.**

Aus diesen angegebenen Gesichtspunkten betrachtet, wird also ein Erkenntniß logisch vollkommen seyn der Quantität nach: wenn es objective Allgemeinheit (Allgemeinheit des Begriffs oder der Regel) — der Qualität nach: wenn es objective Deutlichkeit (Deutlichkeit im Begriffe) — der Relation nach: wenn es objective Wahrheit — und endlich der Modalität nach: wenn es objective Gewißheit hat.

Diesen logischen Vollkommenheiten entsprechen nun folgende ästhetische Vollkommenheiten in Beziehung auf jene Vier Hauptmomente; nemlich

1) **die ästhetische Allgemeinheit.** — Diese besteht in der Anwendbarkeit einer Erkenntniß auf eine Menge von Objecten, die zu Beyspielen dienen, an denen sich die Anwendung von ihr machen läßt, und wodurch sie zugleich für den Zweck der Popularität brauchbar wird;

2) **die ästhetische Deutlichkeit.** — Dieses ist die Deutlichkeit in der Anschauung, worinn durch Beyspiele ein abstract gedachter Begriff in concreto dargestellt oder erläutert wird;

3) **die ästhetische Wahrheit.** — Eine bloß subjective Wahrheit, die nur in der Uebereinstimmung des Erkenntnisses mit dem Subject und den

Gesetzen

Gesetzen des Sinnen-Scheines besteht und folglich nichts weiter als ein allgemeiner Schein ist;

4) **die ästhetische Gewißheit.** — Diese beruhet auf dem, was dem Zeugnisse der Sinne zufolge nothwendig ist, d. i. was durch Empfindung und Erfahrung bestätiget wird.

---

Bey den so eben genannten Vollkommenheiten kommen immer zwey Stücke vor, die in ihrer harmonischen Vereinigung die Vollkommenheit überhaupt ausmachen, nemlich: **Mannigfaltigkeit und Einheit.** Beym Verstande liegt die Einheit im Begriffe, bey den Sinnen in der Anschauung.

Bloße Mannigfaltigkeit ohne Einheit kann uns nicht befriedigen. Und daher ist unter allen die Wahrheit die Hauptvollkommenheit, weil sie der Grund der Einheit ist, durch die Beziehung unsers Erkenntnisses auf das Object. Auch selbst bey der ästhetischen Vollkommenheit bleibt die Wahrheit immer die conditio sine qua non, die vornehmste negative Bedingung, ohne welche etwas nicht allgemein dem Geschmacke gefallen kann. Es darf daher niemand hoffen, in schönen Wissenschaften fortzukommen, wenn er nicht logische Vollkommenheit in seinem Erkenntnisse zum Grunde geleget hat. In der größten möglichen Vereinbarung der logischen mit der ästhetischen Vollkommenheit überhaupt in Rücksicht auf solche Kenntnisse, die beydes, zugleich unterrichten und unterhalten sollen, zeigt sich auch wirklich der Character und die Kunst des Genie's.

---

## VI.

### Besondre logische Vollkommenheiten des Erkenntnisses. —

A) logische Vollkommenheit des Erkenntnisses der Quantität nach. — Größe. — Extensive und intensive Größe. — Weitläuftigkeit und Gründlichkeit oder Wichtigkeit und Fruchtbarkeit des Erkenntnisses. — Bestimmung des Horizonts unsrer Erkenntnisse.

Die Größe der Erkenntniß kann in einem zwiefachen Verstande genommen werden, entweder als extensive oder als intensive Größe. Die erstere bezieht sich auf den Umfang der Erkenntniß und besteht also in der Menge und Mannigfaltigkeit derselben; die letztere bezieht sich auf ihren Gehalt, welcher die Vielgültigkeit oder die logische Wichtigkeit und Fruchtbarkeit einer Erkenntniß betrifft, so fern sie als Grund von vielen und großen Folgen betrachtet wird (non multa sed multum).

Bey Erweiterung unsrer Erkenntnisse oder bey Vervollkommnung derselben ihrer extensiven Größe nach, ist es gut, sich einen Ueberschlag zu machen, in wie weit ein Erkenntniß mit unsern Zwecken und Fähigkeiten zusammenstimme. Diese Ueberlegung betrifft die Bestimmung des Horizonts unsrer Erkenntnisse, unter welchem die Angemessenheit der Größe der gesammten Erkenntnisse mit den Fähigkeiten und Zwecken des Subjects zu verstehen ist.

Der Horizont läßt sich bestimmen

1) logisch, nach dem Vermögen oder den Erkenntnißkräften in Beziehung auf das Interesse des Verstandes. Hier haben wir zu beurtheilen: wie weit wir in unsern Erkenntnissen kommen können, wie weit wir darinn gehen müssen und in wie fern gewisse Erkenntnisse in logischer Absicht als Mittel zu diesen oder jenen Haupterkenntnissen, als unsern Zwecken, dienen;

2) ästhetisch, nach Geschmack in Beziehung auf das Interesse des Gefühls. — Der seinen Horizont ästhetisch bestimmt, sucht die Wissenschaft nach dem Geschmacke des Publikums einzurichten, d. h. sie popular zu machen, oder überhaupt nur solche Erkenntnisse sich zu erwerben, die sich allgemein mittheilen lassen und an denen auch die Klasse der Nichtgelehrten Gefallen und Interesse findet;

3) practisch, nach dem Nutzen in Beziehung auf das Interesse des Willens. Der practische Horizont, so fern er bestimmt wird nach dem Einflusse,

ben ein Erkenntniß auf unsre Sittlichkeit hat, ist **pragmatisch** und von der größten Wichtigkeit.

Der Horizont betrifft also die Beurtheilung und Bestimmung dessen, was der Mensch wissen **kann**, was er wissen **darf**, und was er wissen **soll**.

———

Was nun insbesondre den theoretisch oder logisch bestimmten Horizont betrifft — und von diesem kann hier allein die Rede seyn — so können wir denselben entweder aus dem **objectiven** oder aus dem **subjectiven** Gesichtspunkte betrachten.

In Ansehung der **Objecte** ist der Horizont entweder **historisch** oder **rational**. Der erstere ist viel weiter als der andre, ja er ist unermeßlich groß, denn unsre historische Erkenntniß hat keine Gränzen. Der rationale Horizont dagegen läßt sich fixiren, es läßt sich z. B. bestimmen, auf welche Art von Objecten das mathematische Erkenntniß nicht ausgedehnt werden könne. So auch in Absicht auf das philosophische Vernunfterkenntniß, wie weit hier die Vernunft a priori ohne alle Erfahrung wohl gehen könne?

In Beziehung aufs **Subject** ist der Horizont entweder der **allgemeine** und **absolute**, oder ein **besondrer** und **bedingter** (Privat-Horizont).

Unter dem absoluten und allgemeinen Horizont ist die Congruenz der Gränzen der menschlichen Erkenntnisse

mit

mit den Gränzen der gesammten menschlichen Vollkommenheit überhaupt zu verstehen. Und hier ist also die Frage: Was kann der Mensch als Mensch überhaupt wissen?

Die Bestimmung des Privat-Horizonts hängt ab von mancherley empirischen Bedingungen und speciellen Rücksichten, z. B. des Alters, des Geschlechts, Standes, der Lebensart u. dgl. m. Jede besondre Klasse von Menschen hat also in Beziehung auf ihre speciellen Erkenntnißkräfte, Zwecke und Standpunkte, ihren besondern; — jeder Kopf nach Maaßgabe der Individualität seiner Kräfte und seines Standpunktes, seinen eigenen Horizont. Endlich können wir uns auch noch einen Horizont der gesunden Vernunft und einen Horizont der Wissenschaft denken, welcher letztere noch Principien bedarf, um nach denselben zu bestimmen: was wir wissen und nicht wissen können.

Was wir nicht wissen können, ist über unserm Horizont; was wir nicht wissen dürfen oder nicht zu wissen brauchen, ausser unserm Horizonte. Dieses letztere kann jedoch nur relativ gelten in Beziehung auf diese oder jene besondre Privatzwecke, zu deren Erreichung gewisse Erkenntnisse nicht nur nichts beytragen, sondern ihr sogar hinderlich seyn könnten. Denn schlechthin und in aller Absicht unnütz und unbrauchbar ist doch kein Erkenntniß, ob wir gleich seinen Nutzen nicht immer einsehen können. — Es ist daher ein eben so unweiser als ungerechter Vorwurf, der großen Männern, welche mit mühsamen Fleiße die Wissenschaften bearbeiten, von schalen Köpfen gemacht wird, wenn diese hierbey fragen: **wozu ist das nütze?** — Diese Frage muß man, indem man sich mit Wissenschaften beschäftigen will, gar nicht einmal aufwerfen. Gesetzt, eine Wissenschaft könnte nur über irgend ein mögliches Object Aufschlüsse geben, so wäre sie um deswillen schon nützlich genug. Jede logisch vollkommene Erkenntniß hat immer irgend einen möglichen Nutzen, der, obgleich uns bis jetzt unbekannt, doch vielleicht von der Nachkommenschaft wird gefunden werden. — Hätte man bey Cultur der Wissenschaften immer nur auf den materiellen Gewinn, den Nutzen derselben gesehen, so würden wir keine Arithmetik und Geometrie haben. Unser Verstand ist auch überdies so eingerichtet, daß er in der bloßen Einsicht Befriedigung findet und mehr noch als in dem Nutzen, der daraus entspringt. Dieses merkte schon Plato an. Der Mensch fühlt seine eigene Vortrefflichkeit dabey; er empfindet, was es heiße, Verstand haben. Menschen, die das nicht empfinden, müssen die Thiere beneiden. Der innere Werth, den Erkenntnisse durch logische Vollkommenheit haben, ist mit ihrem äußern — dem Werthe in der Anwendung — nicht zu vergleichen.

Wie das, was außer unserm Horizonte liegt, so fern wir es nach unsern Absichten, als entbehrlich

für

für uns, nicht wissen dürfen; — so ist auch das, was unter unserm Horizont liegt, so fern wir es, als schädlich für uns, nicht wissen sollen, nur in einem relativen, keinesweges aber im absoluten Sinne zu verstehen.

———

In Absicht auf die Erweiterung und Demärcation unserer Erkenntniß sind folgende Regeln zu empfehlen:

Man muß sich seinen Horizont

1) zwar frühzeitig bestimmen, aber freylich doch erst alsdann, wenn man ihn sich selbst bestimmen kann, welches gewöhnlich vor dem 20ten Jahre nicht statt findet;

2) ihn nicht leicht und oft verändern; (nicht von einem auf das andre fallen)

3) den Horizont Anderer nicht nach dem seinigen messen, und nicht das für unnütz halten, was uns zu Nichts nützt: Es würde verwegen seyn, den Horizont Anderer bestimmen zu wollen, weil man theils ihre Fähigkeiten, theils ihre Absichten nicht genug kennt;

4) ihn weder zu sehr ausdehnen, noch zu sehr einschränken. Denn der zu viel wissen will, weiß am Ende nichts, und der umgekehrt von einigen Dingen glaubt, daß sie ihn nichts angehen, betrügt sich oft;

oft; wie wenn z. B. der Philosoph von der Geschichte glaubte, daß sie ihm entbehrlich sey;

Auch suche man

5) den absoluten Horizont des ganzen menschlichen Geschlechts (der vergangenen und künftigen Zeit nach) zum voraus zu bestimmen, so wie insbesondre auch

6) die Stelle zu bestimmen, die unsre Wissenschaft im Horizonte der gesammten Erkenntniß einnimmt. Dazu dient die Universal-Encyklopädie als eine Universalcharte (Mappe-monde) der Wissenschaften;

7) Bey Bestimmung seines besondern Horizonts selbst prüfe man sorgfältig: zu welchem Theile des Erkenntnisses man die größte Fähigkeit und Wohlgefallen habe; — was in Ansehung gewisser Pflichten mehr oder weniger nöthig sey; — was mit den nothwendigen Pflichten nicht zusammen bestehen könne; und endlich

8) suche man seinen Horizont immer doch mehr zu erweitern als zu verengen.

Es ist überhaupt von der Erweiterung des Erkenntnisses das nicht zu besorgen, was d'Alembert von ihr besorgt. Denn uns drückt nicht die Last, sondern uns verengt das Volumen des Raums für unsre Erkenntnisse. Critik der Vernunft, der Geschichte und historischen Schriften; — ein allgemeiner Geist, der auf das menschliche Erkenntniß en gros und nicht blos

im

im detail geht, werden immer den Umfang kleiner machen, ohne im Inhalte etwas zu vermindern. Blos die Schlacke fällt vom Metalle weg oder das unedlere Vehikel, die Hülle, welche bis so lange nöthig war. Mit der Erweiterung der Naturgeschichte, der Mathematik u. s. w. werden neue Methoden erfunden werden, die das Alte verkürzen und die Menge der Bücher entbehrlich machen. Auf Erfindung solcher neuen Methoden und Principien wird es beruhen, daß wir, ohne das Gedächtniß zu belästigen, alles mit Hülfe derselben nach Belieben selbst finden können. Daher macht sich der um die Geschichte wie ein Genie verdient, welcher sie unter Ideen faßt, die immer bleiben können.

---

Der logischen Vollkommenheit des Erkenntnisses in Ansehung seines Umfanges steht die Unwissenheit entgegen. Eine negative Unvollkommenheit oder Unvollkommenheit des Mangels, die wegen der Schranken des Verstandes von unserm Erkenntnisse unzertrennlich bleibt.

Wir können die Unwissenheit aus einem objectiven und aus einem subjectiven Gesichtspunkte betrachten.

1) Objectiv genommen, ist die Unwissenheit entweder eine materiale oder eine formale. Die erstere besteht in einem Mangel an historischen, die andere, in einem Mangel an rationalen Erkenntnissen. — Man muß

muß in keinem Fache ganz ignorant seyn, aber wohl kann man das historische Wissen einschränken, um sich desto mehr auf das rationale zu legen, oder umgekehrt.

2) In subjectiver Bedeutung ist die Unwissenheit entweder eine gelehrte, scientifische oder eine gemeine. — Der die Schranken der Erkenntniß, also das Feld der Unwissenheit, von wo es anhebt, deutlich einsieht — der Philosoph z. B. der es einsieht und beweiset, wie wenig man aus Mangel an den dazu erforderlichen Datis in Ansehung der Structur des Goldes wissen könne, ist kunstmäßig oder auf eine gelehrte Art unwissend. Der hingegen unwissend ist, ohne die Gründe von den Gränzen der Unwissenheit einzusehen und sich darum zu bekümmern, ist es auf eine gemeine, nicht wissenschaftliche Weise. Ein solcher weiß nicht einmal, daß er nichts wisse. Denn man kann sich seine Unwissenheit niemals anders vorstellen als durch die Wissenschaft, so wie ein Blinder sich die Finsterniß nicht vorstellen kann, als bis er sehend geworden.

Die Kenntniß seiner Unwissenheit setzt also Wissenschaft voraus, und macht zugleich bescheiden, dagegen das eingebildete Wissen aufbläht. So war Socrates Nichtwissen eine rühmliche Unwissenheit; eigentlich ein Wissen des Nichtwissens nach seinem eigenen Geständnisse. — Diejenigen also, die sehr viele Kenntnisse besitzen und bey alle dem doch über die Menge

dessen,

dessen, was sie nicht wissen, erstaunen, kann der Vorwurf der Unwissenheit eben nicht treffen.

Untadelhaft (inculpabilis) ist überhaupt die Unwissenheit in Dingen, deren Erkenntniß über unsern Horizont geht; und erlaubt (wiewohl auch nur im relativen Sinne) kann sie seyn in Ansehung des spekulativen Gebrauchs unserer Erkenntnißvermögen, so fern die Gegenstände hier, obgleich nicht über, aber doch außer unserm Horizonte liegen. Schändlich aber ist sie in Dingen, die zu wissen uns sehr nöthig und auch leicht ist.

Es ist ein Unterschied, etwas nicht wissen und etwas ignoriren, d. i. keine Notiz wovon nehmen. Es ist gut, viel zu ignoriren, was uns nicht gut ist zu wissen. Von beydem ist noch unterschieden das Abstrahiren. Man abstrahirt aber von einer Erkenntniß, wenn man die Anwendung derselben ignorirt, wodurch man sie in abstracto bekommt und im Allgemeinen als Princip sodann besser betrachten kann. Ein solches Abstrahieren von dem, was bey Erkenntniß einer Sache zu unserer Absicht nicht gehört, ist nützlich und lobenswerth.

Historisch unwissend sind gemeiniglich Vernunftlehrer.

Das historische Wissen ohne bestimmte Gränzen ist Polyhistorie; diese blähet auf. Polymathie geht auf das Vernunfterkenntniß. Beydes, das ohne

be-

bestimmte Gränzen ausgedehnte historische so wohl als rationale Wissen kann Pansophie heißen. — Zum historischen Wissen gehört die Wissenschaft von den Werkzeugen der Gelehrsamkeit — die Philologie, die eine critische Kenntniß der Bücher und Sprachen (Litteratur und Linguistik) in sich faßt.

Die bloße Polyhistorie ist eine cyklopische Gelehrsamkeit, der ein Auge fehlt — das Auge der Philosophie; und ein Cyklop von Mathematiker, Historiker, Naturbeschreiber, Philolog und Sprachkundiger, ist ein Gelehrter, der groß in allen diesen Stücken ist, aber alle Philosophie darüber für entbehrlich hält.

Einen Theil der Philologie machen die Humaniora aus, worunter man die Kenntniß der Alten versteht, welche die Vereinigung der Wissenschaft mit Geschmack befördert, die Rauhigkeit abschleift und die Communicabilität und Urbanität, worinn Humanität besteht, befördert.

Die Humaniora betreffen also eine Unterweisung in dem, was zur Cultur des Geschmacks dient den Mustern der Alten gemäß. Dahin gehört z. B. Beredtsamkeit, Poesie, Belesenheit in den classischen Autoren u. dgl. m. Alle diese humanistischen Kenntnisse kann man zum practischen, auf die Bildung des Geschmacks zunächst abzweckenden, Theile der Philologie rechnen. Trennen wir aber den bloßen Philologen noch vom Humanisten; so würden sich beyde darinn von einander

ander unterscheiden, daß jener die Werkzeuge der Gelehrsamkeit bey den Alten sucht, dieser hingegen die Werkzeuge der Bildung des Geschmacks.

Der **Bellettrist** oder bell'esprit ist ein Humanist nach gleichzeitigen Mustern in lebenden Sprachen. Er ist also kein Gelehrter — denn nur **todte Sprachen** sind jetzt gelehrte Sprachen — sondern ein bloßer **Dilettante** der Geschmackskenntniße nach der **Mode**, ohne der Alten zu bedürfen. Man könnte ihn den Affen des Humanisten nennen. — Der **Polyhistor** muß als Philolog **Linguist** und **Litterator** und als Humanist muß er **Klassiker** und ihr Ausleger seyn. Als Philolog ist er **cultivirt**, als Humanist **civilisirt**.

---

In Ansehung der Wissenschaften giebt es zwey Ausartungen des herrschenden Geschmacks: **Pedanterie** und **Galanterie**. Die eine treibt die Wissenschaften blos für die **Schule** und schränkt sie dadurch ein in Rücksicht ihres Gebrauches; die andre treibt sie blos für den Umgang oder die **Welt** und beschränkt sie dadurch in Absicht auf ihren **Inhalt**.

Der Pedant ist entweder als Gelehrter dem Weltmanne entgegengesetzt und ist in so fern der aufgeblasene Gelehrte ohne Weltkenntniß, d. i. ohne Kenntniß der Art und Weise, seine Wissenschaft an den Mann zu bringen; — oder er ist zwar als der Mann von Geschicklichkeit überhaupt zu betrachten, aber nur in Formalien, nicht dem Wesen und Zwecke nach. In der letztern Bedeutung ist er ein Formalienklauber; eingeschränkt in Ansehung des Kerns der Sachen, sieht er nur auf das Kleid und die Schaale. Er ist die verunglückte Nachahmung oder Karrikatur vom methodischen Kopfe. — Man kann daher die Pedanterey auch die grüblerische Peinlichkeit und unnütze Genauigkeit (Micrologie) in Formalien nennen. Und ein solches Formale der Schulmethode außer der Schule ist nicht blos bey Gelehrten und im gelehrten Wesen, sondern auch bey andern Ständen und in andern Dingen anzutreffen. Das Ceremoniel an Höfen, im Umgange — was ist es anders als Formalienjagd und Klauberey? Im Militair ist es nicht völlig so, ob es gleich so scheint. Aber im Gespräche, in der Kleidung, in der Diät, in der Religion herrscht oft viel Pedanterey.

Eine zweckmäßige Genauigkeit in Formalien ist Gründlichkeit (schulgerechte, scholastische Vollkommenheit). Pedanterie ist also eine affectirte Gründlichkeit, so wie Galanterie, als eine bloße Buhlerinn um den Beyfall des Geschmacks, nichts als eine affectirte Popularität ist. Denn die Galanterie ist nur bemüht, sich dem Leser gewogen zu machen und ihn daher auch nicht einmal durch ein schweres Wort zu beleidigen.

Pedan-

Pedanterey zu vermeiden, dazu werden ausgebreitete Kenntnisse nicht nur in den Wissenschaften selbst, sondern auch in Ansehung des Gebrauches derselben erfordert. Daher kann sich nur der wahre Gelehrte von der Pedanterey losmachen, die immer die Eigenschaft eines eingeschränkten Kopfes ist.

Bey dem Bestreben, unserm Erkenntnisse die Vollkommenheit der scholastischen Gründlichkeit und zugleich der Popularität zu verschaffen, ohne darüber in die gedachten Fehler einer affectirten Gründlichkeit oder einer affectirten Popularität zu gerathen, müssen wir vor Allem auf die scholastische Vollkommenheit unsers Erkenntnisses — die schulgerechte Form der Gründlichkeit — sehen und sodann erst dafür sorgen, wie wir die methodisch in der Schule gelernte Erkenntniß wahrhaft popular, d. i. Andern so leicht und allgemein mittheilbar machen, daß doch die Gründlichkeit nicht durch die Popularität verdränge werde. Denn um der popularen Vollkommenheit willen, — dem Volke zu Gefallen, muß die scholastische Vollkommenheit nicht aufgeopfert werden, ohne welche alle Wissenschaft nichts als Spielwerk und Tändeley wäre.

Um aber wahre Popularität zu lernen, muß man die Alten lesen, z. B. Cicero's philosophische Schriften, die Dichter Horaz, Virgil u. s. w.; unter den Neuern Hume, Shaftesbury u. a. m. Männer, die Alle vielen Umgang mit der verfeinerten Welt gehabt haben, ohne den man nicht populär seyn kann. Denn wahre Popularität erfordert viele practische Welt- und Menschenkenntniß, Kenntniß von den Begriffen, dem Geschmacke und den Neigungen der Menschen, worauf bey der Darstellung und selbst der Wahl schicklicher, der Popularität angemessener, Ausdrücke beständige Rücksicht zu nehmen ist. — Eine solche Herablassung (Condescendenz) zu der Fassungskraft des Publikums und den gewohnten Ausdrücken, wobey die scholastische Vollkommenheit nicht hintenan gesetzt, sondern nur die Einkleidung der Gedanken so eingerichtet wird, daß man das Gerüste — das Schulgerechte und Technische von jener Vollkommenheit — nicht sehen läßt (so wie man mit Bleystift Linien zieht, auf die man schreibt und sie nachher wegwischt) — diese wahrhaft populare Vollkommenheit des Erkenntnisses ist in der That eine große und seltene Vollkommenheit, die von vieler Einsicht in die Wissenschaft zeigt. Auch hat sie außer vielen andern Verdiensten noch dieses, daß sie einen Beweis für die vollständige Einsicht in eine Sache geben kann. Denn die blos scholastische Prüfung einer Erkenntniß läßt noch den Zweifel übrig: ob die Prüfung nicht einseitig sey, und ob die Erkenntniß selbst auch wohl einen von allen Menschen ihr zugestandenen Werth habe? — Die Schule hat ihre Vorurtheile so wie der gemeine Verstand. Eines verbessert hier das andre. Es ist daher wichtig, ein Erkenntniß an Menschen zu prüfen, deren Verstand an keiner Schule hängt. —

Diese

Diese Vollkommenheit der Erkenntniß, wodurch sich dieselbe zu einer leichten und allgemeinen Mittheilung qualificirt, könnte man auch die äußere Extension oder die extensive Größe eines Erkenntnisses nennen, so fern es äußerlich unter viele Menschen ausgebreitet ist.

———

Da es so viele und mannigfaltige Erkenntnisse giebt: so wird man wohl thun, sich einen Plan zu machen, nach welchem man die Wissenschaften so ordnet, wie sie am besten zu seinen Zwecken zusammen stimmen und zu Beförderung derselben beytragen. Alle Erkenntnisse stehen unter einander in einer gewissen natürlichen Verknüpfung. Sieht man nun bey dem Bestreben nach Erweiterung der Erkenntnisse nicht auf diesen ihren Zusammenhang: so wird aus allem Vielwissen doch weiter nichts als bloße Rhapsodie. Macht man sich aber eine Hauptwissenschaft zum Zweck und betrachtet alle andern Erkenntnisse nur als Mittel, um zu derselben zu gelangen: so bringt man in sein Wissen einen gewissen systematischen Character. — Und um nach einem solchen wohlgeordneten und zweckmäßigen Plane bey Erweiterung seiner Erkenntnisse zu Werke zu gehen, muß man also jenen Zusammenhang der Erkenntnisse unter einander kennen zu lernen suchen. Dazu giebt die Architektonik der Wissenschaften Anleitung, die ein System nach Ideen ist, in welchem die Wissenschaften in Ansehung ihrer

Verwandtschaft und systematischen Verbindung in einem Ganzen der die Menschheit interessirenden Erkenntniß betrachtet werden.

———

Was nun insbesondre aber die intensive Größe des Erkenntnisses, d. h. ihren Gehalt, oder ihre Vielgültigkeit und Wichtigkeit betrifft, die sich, wie wir oben bemerkten, von der extensiven Größe, der bloßen Weitläuftigkeit desselben wesentlich unterscheidet; so wollen wir hierüber nur noch folgende wenige Bemerkungen machen:

1) Eine Erkenntniß, die aufs Große, d. i. das Ganze im Gebrauch des Verstandes geht, ist von der Subtilität im Kleinen (Micrologie) zu unterscheiden.

2) Logisch wichtig ist jedes Erkenntniß zu nennen, das die logische Vollkommenheit der Form nach befördert, z. B. jeder mathematische Satz, jedes deutlich eingesehene Gesetz der Natur, jede richtige philosophische Erklärung. — Die practische Wichtigkeit kann man nicht voraus sehen, sondern man muß sie abwarten.

3) Man muß die Wichtigkeit nicht mit der Schwere verwechseln. Ein Erkenntniß kann schwer seyn, ohne wichtig

wichtig zu seyn, und umgekehrt. Schwere entscheidet daher weder für noch auch wider den Werth und die Wichtigkeit eines Erkenntnisses. Diese beruhet auf der Größe oder Vielheit der Folgen. Je mehr oder je größere Folgen ein Erkenntniß hat, je mehr Gebrauch sich von ihm machen läßt, desto wichtiger ist es. — Eine Erkenntniß ohne wichtige Folgen heißt eine Grübeley; dergleichen z.B. die scholastische Philosophie war.

## VII.

B) Logische Vollkommenheit des Erkenntnisses, der Relation nach. — Wahrheit. — Materiale und formale oder logische Wahrheit. — Criterien der logischen Wahrheit. — Falschheit und Irrthum. — Schein, als Quelle des Irrthums. — Mittel zu Vermeidung der Irrthümer.

Eine Hauptvollkommenheit des Erkenntnisses, ja die wesentliche und unzertrennliche Bedingung aller Vollkommenheit desselben, ist die Wahrheit. — Wahrheit, sagt man, besteht in der Uebereinstimmung der Erkenntniß mit dem Gegenstande. Dieser bloßen Worterklärung zu folge, soll also mein Erkenntniß, um als wahr zu gelten, mit dem Object übereinstimmen. Nun kann ich aber das Object nur mit meinem Erkenntnisse

nisse vergleichen, dadurch daß ich es erkenne. Meine Erkenntniß soll sich also selbst bestätigen, welches aber zur Wahrheit noch lange nicht hinreichend ist. Denn da das Object außer mir und die Erkenntniß in mir ist: so kann ich immer doch nur beurtheilen: ob meine Erkenntniß vom Object mit meiner Erkenntniß vom Object übereinstimme. Einen solchen Cirkel im Erklären nannten die Alten Dialele. Und wirklich wurde dieser Fehler auch immer den Logikern von den Skeptikern vorgeworfen, welche bemerkten: es verhalte sich mit jener Erklärung der Wahrheit eben so, wie wenn jemand vor Gericht eine Aussage thue und sich dabey auf einen Zeugen berufe, den niemand kenne, der sich aber dadurch glaubwürdig machen wolle, daß er behaupte, der, welcher ihn zum Zeugen aufgerufen, sey ein ehrlicher Mann. — Die Beschuldigung war allerdings gegründet. Nur ist die Auflösung der gedachten Aufgabe schlechthin und für jeden Menschen unmöglich.

Es frägt sich nemlich hier: Ob und in wie fern es ein sicheres, allgemeines und in der Anwendung brauchbares Criterium der Wahrheit gebe? — Denn das soll die Frage: Was ist Wahrheit? — bedeuten.

Um diese wichtige Frage entscheiden zu können, müssen wir das, was in unserm Erkenntnisse zur Materie desselben gehört und auf das Object sich bezieht, von dem, was die bloße Form, als diejenige

nige Bedingung betrifft, ohne welche ein Erkenntniß gar kein Erkenntniß überhaupt seyn würde, wohl unterscheiden. — Mit Rücksicht auf diesen Unterschied zwischen der **objectiven, materialen** und der **subjectiven, formalen** Beziehung in unserm Erkenntnisse, zerfällt daher die obige Frage in die zwey besondern:

1) *Giebt es ein allgemeines materiales, und*

2) *Giebt es ein allgemeines formales Criterium der Wahrheit?*

Ein allgemeines materiales Criterium der Wahrheit ist nicht möglich; — es ist sogar in sich selbst widersprechend. Denn als ein **allgemeines** für alle Objecte überhaupt gültiges, müßte es von allem Unterschiede derselben völlig abstrahiren und doch auch zugleich als ein **materiales** Criterium eben auf diesen Unterschied gehen, um bestimmen zu können, ob ein Erkenntniß gerade mit demjenigen Objecte, worauf es bezogen wird, und nicht mit irgend einem Object überhaupt — womit eigentlich gar nichts gesagt wäre — übereinstimme. In dieser Uebereinstimmung einer Erkenntniß mit demjenigen bestimmten Objecte, worauf sie bezogen wird, muß aber die materiale Wahrheit bestehen. Denn ein Erkenntniß, welches in Ansehung Eines Objectes wahr ist, kann in Beziehung auf andre Objecte falsch seyn. Es ist daher ungereimt, ein all-

nisse vergleichen, dadurch daß ich es erkenne. Meine Erkenntniß soll sich also selbst bestätigen, welches aber zur Wahrheit noch lange nicht hinreichend ist. Denn da das Object außer mir und die Erkenntniß in mir ist: so kann ich immer doch nur beurtheilen: ob meine Erkenntniß vom Object mit meiner Erkenntniß vom Object übereinstimme. Einen solchen Cirkel im Erklären nannten die Alten Dialele. Und wirklich wurde dieser Fehler auch immer den Logikern von den Skeptikern vorgeworfen, welche bemerkten: es verhalte sich mit jener Erklärung der Wahrheit eben so, wie wenn jemand vor Gericht eine Aussage thue und sich dabey auf einen Zeugen berufe, den niemand kenne, der sich aber dadurch glaubwürdig machen wolle, daß er behaupte, der, welcher ihn zum Zeugen aufgerufen, sey ein ehrlicher Mann. — Die Beschuldigung war allerdings gegründet. Nur ist die Auflösung der gedachten Aufgabe schlechthin und für jeden Menschen unmöglich.

Es frägt sich nemlich hier: Ob und in wie fern es ein sicheres, allgemeines und in der Anwendung brauchbares Criterium der Wahrheit gebe? — Denn das soll die Frage: Was ist Wahrheit? — bedeuten.

Um diese wichtige Frage entscheiden zu können, müssen wir das, was in unserm Erkenntnisse zur Materie desselben gehört und auf das Object sich bezieht, von dem, was die bloße Form, als diejenige

nige Bedingung betrifft, ohne welche ein Erkenntniß gar kein Erkenntniß überhaupt seyn würde, wohl unterscheiden. — Mit Rücksicht auf diesen Unterschied zwischen der **objectiven, materialen** und der **subjectiven, formalen** Beziehung in unserm Erkenntnisse, zerfällt daher die obige Frage in die zwey besondern:

1) Giebt es ein allgemeines materiales, und

2) Giebt es ein allgemeines formales Criterium der Wahrheit?

Ein allgemeines materiales Criterium der Wahrheit ist nicht möglich; — es ist sogar in sich selbst widersprechend. Denn als ein **allgemeines** für alle Objecte überhaupt gültiges, müßte es von allem Unterschiede derselben völlig abstrahiren und doch auch zugleich als ein materiales Criterium eben auf diesen Unterschied gehen, um bestimmen zu können, ob ein Erkenntniß gerade mit demjenigen Objecte, worauf es bezogen wird, und nicht mit irgend einem Object überhaupt — womit eigentlich gar nichts gesagt wäre — übereinstimme. In dieser Uebereinstimmung einer Erkenntniß mit demjenigen bestimmten Objecte, worauf sie bezogen wird, muß aber die materiale Wahrheit bestehen. Denn ein Erkenntniß, welches in Ansehung Eines Objectes wahr ist, kann in Beziehung auf andre Objecte falsch seyn. Es ist daher ungereimt, ein allgemeines materiales Criterium der Wahrheit zu fordern, das von allem Unterschiede der Objecte zugleich abstrahiren und auch nicht abstrahiren solle. —

Ist nun aber die Frage nach allgemeinen formalen Criterien der Wahrheit: so ist die Entscheidung hier leicht, daß es dergleichen allerdings geben könne. Denn die formale Wahrheit besteht lediglich in der Zusammenstimmung der Erkenntniß mit sich selbst bey gänzlicher Abstraction von allen Objecten insgesammt und von allem Unterschiede derselben. Und die allgemeinen formalen Criterien der Wahrheit sind demnach nichts anders als allgemeine logische Merkmale der Uebereinstimmung der Erkenntniß mit sich selbst oder — welches einerley ist — mit den allgemeinen Gesetzen des Verstandes und der Vernunft.

Diese formalen, allgemeinen Criterien sind zwar freylich zur objectiven Wahrheit nicht hinreichend, aber sie sind doch als die conditio sine qua non derselben anzusehen.

Denn vor der Frage: ob die Erkenntniß mit dem Object zusammenstimme, muß die Frage vorhergehen, ob sie mit sich selbst (der Form nach) zusammenstimme? Und dieß ist Sache der Logik.

Die formalen Criterien der Wahrheit in der Logik sind

1) der Satz des Widerspruchs,

2)

2) der Satz des zureichenden Grundes.

Durch den erstern ist die logische Möglichkeit, durch den letztern die logische Wirklichkeit eines Erkenntnisses bestimmt.

Zur logischen Wahrheit eines Erkenntnisses gehört nemlich

Erstlich: daß es logisch möglich sey, d. h. sich nicht widerspreche. Dieses Kennzeichen der innerlichen logischen Wahrheit ist aber nur negativ; denn ein Erkenntniß, welches sich widerspricht, ist zwar falsch; wenn es sich aber nicht widerspricht, nicht allemal wahr. —

Zweytens, daß es logisch gegründet sey, d. h. daß es a) Gründe habe und b) nicht falsche Folgen habe. —

Dieses zweyte, den logischen Zusammenhang eines Erkenntnisses mit Gründen und Folgen betreffende Criterium der äusserlichen logischen Wahrheit oder der Rationabilität des Erkenntnisses ist positiv. Und hier gelten folgende Regeln:

1) Aus der Wahrheit der Folge läßt sich auf die Wahrheit des Erkenntnisses als Grundes schließen, aber nur negativ: wenn Eine falsche Folge aus einer Erkenntniß fließt, so ist die Erkenntniß selbst falsch. Denn wenn der Grund wahr wäre,

so müßte die Folge auch wahr seyn, weil die Folge durch den Grund bestimmt wird. —

Man kann aber nicht umgekehrt schließen: wenn keine falsche Folge aus einem Erkenntnisse fließt, so ist es wahr; denn man kann aus einem falschen Grunde wahre Folgen ziehen.

2) **Wenn alle Folgen eines Erkenntnisses wahr sind: so ist das Erkenntniß auch wahr.** Denn wäre nur etwas Falsches im Erkenntnisse, so müßte auch eine falsche Folge statt finden.

Aus der Folge läßt sich also zwar auf einen Grund schließen, aber ohne diesen Grund bestimmen zu können. Nur aus dem Inbegriffe aller Folgen allein kann man auf einen bestimmten Grund schließen, daß dieser der wahre sey.

Die erstere Schlußart, nach welcher die Folge nur ein negativ und indirekt zureichendes Criterium der Wahrheit eines Erkenntnisses seyn kann, heißt in der Logik die apogogische (modus tollens).

Dieses Verfahren, wovon in der Geometrie häufig Gebrauch gemacht wird, hat den Vortheil, daß ich aus einem Erkenntnisse nur Eine falsche Folge herleiten darf, um seine Falschheit zu beweisen. Um z. B. darzuthun, daß die Erde nicht platt sey, darf ich, ohne positive und direkte Gründe vorzubringen, apogogisch

und

und indirekt nur so schließen: Wäre die Erde platt, so müßte der Polarstern immer gleich hoch seyn; nun ist dieses aber nicht der Fall, folglich ist sie nicht platt.

Bey der andern, der positiven und directen Schlußart (modus ponens) tritt die Schwierigkeit ein, daß sich die Allheit der Folgen nicht apodiktisch erkennen läßt, und daß man daher durch die gedachte Schlußart nur zu einer wahrscheinlichen und hypothetisch-wahren Erkenntniß (Hypothesen) geführt wird, nach der Voraussetzung: daß da, wo viele Folgen wahr sind, die übrigen alle auch wahr seyn mögen. —

Wir werden also hier drey Grundsätze, als allgemeine bloß formale oder logische Criterien der Wahrheit aufstellen können; diese sind

1) der Satz des Widerspruchs und der Identität (principium contradictionis und identitatis), durch welchen die innere Möglichkeit eines Erkenntnisses für problematische Urtheile bestimmt ist;

2) der Satz des zureichenden Grundes (principium rationis sufficientis), auf welchem die (logische) Wirklichkeit einer Erkenntniß beruht — daß sie gegründet sey, als Stoff zu assertorischen Urtheilen;

3) der Satz des ausschließenden dritten (principium exclusi medii inter duo contradictoria),

worauf sich die (logische) Nothwendigkeit eines Erkenntnisses gründet; — daß nothwendig so und nicht anders geurtheilt werden müsse, d. i. daß das Gegentheil falsch sey — für *apodiktische* Urtheile.

---

Das Gegentheil von der Wahrheit ist die **Falschheit**, welche, so fern sie für Wahrheit gehalten wird, **Irrthum** heißt. Ein irriges Urtheil — denn Irrthum sowohl als Wahrheit ist nur im Urtheile — ist also ein solches, welches den Schein der Wahrheit mit der Wahrheit selbst verwechselt.

**Wie Wahrheit möglich sey;** — das ist leicht einzusehen; da hier der Verstand nach seinen wesentlichen Gesetzen handelt.

**Wie aber Irrthum in formaler Bedeutung des Worts,** d. h. wie die verstandeswidrige Form des Denkens möglich sey: das ist schwer zu begreifen, so wie es überhaupt nicht zu begreifen ist, wie irgend eine Kraft von ihren eigenen wesentlichen Gesetzen abweichen solle. — Im Verstande selbst und dessen wesentlichen Gesetzen können wir also den Grund der Irrthümer nicht suchen, so wenig als in den Schranken des Verstandes, in denen zwar die Ursache der Unwissenheit, keinesweges

ges aber des Irrthums liegt. Hätten wir nun keine andre Erkenntnißkraft als den Verstand: so würden wir nie irren. Allein es liegt, außer dem Verstande, noch eine andre unentbehrliche Erkenntnißquelle in uns. Das ist die Sinnlichkeit, die uns den Stoff zum Denken giebt und dabey nach andern Gesetzen wirkt, als der Verstand. — Aus der Sinnlichkeit an und für sich selbst betrachtet, kann aber der Irrthum auch nicht entspringen, weil die Sinne gar nicht urtheilen.

Der Entstehungsgrund alles Irrthums wird daher einzig und allein in dem unvermerkten Einflusse der Sinnlichkeit auf den Verstand, oder genauer zu reden, auf das Urtheil, gesucht werden müssen. Dieser Einfluß nemlich macht, daß wir im Urtheilen bloß subjective Gründe für objective halten und folglich den bloßen Schein der Wahrheit mit der Wahrheit selbst verwechseln. Denn darinn besteht eben das Wesen des Scheins, der um deswillen als ein Grund anzusehen ist, eine falsche Erkenntniß für wahr zu halten.

Was den Irrthum möglich macht, ist also der Schein, nach welchem im Urtheile das bloß Subjective mit dem Objectiven verwechselt wird.

In gewissem Sinne kann man wohl den Verstand auch zum Urheber der Irrthümer machen, so fern er nemlich aus Mangel an erforderlicher Aufmerksamkeit auf jenen Einfluß der Sinnlichkeit sich durch den hieraus entsprungenen Schein verleiten läßt, bloß subjective Bestimmungsgründe des Urtheils für objective zu halten, oder das, was nur nach Gesetzen der Sinnlichkeit wahr ist, für wahr nach seinen eigenen Gesetzen gelten zu lassen.

Nur die Schuld der Unwissenheit liegt demnach in den Schranken des Verstandes; die Schuld des Irrthums haben wir uns selbst beyzumessen. Die Natur hat uns zwar viele Kenntnisse versagt, sie läßt uns über so Manches in einer unvermeidlichen Unwissenheit; aber den Irrthum verursacht sie doch nicht. Zu diesem verleitet uns unser eigener Hang zu urtheilen und zu entscheiden, auch da, wo wir wegen unsrer Begränztheit zu urtheilen und zu entscheiden nicht vermögend sind.

---

Aller Irrthum, in welchen der menschliche Verstand gerathen kann, ist aber nur partial, und in jedem irrigen Urtheile muß immer etwas Wahres liegen. Denn ein totaler Irrthum wäre ein gänzlicher Widerstreit wider die Gesetze des Verstandes und der Vernunft. Wie könnte er, als solcher, auf irgend eine Weise aus dem Verstande kommen, und, so fern er doch ein Urtheil ist, für ein Product des Verstandes gehalten werden!

## Einleitung.

In Rücksicht auf das Wahre und Irrige in unserer Erkenntniß unterscheiden wir ein **genaues** von einem **rohen** Erkenntnisse. —

**Genau** ist das Erkenntniß, wenn es seinem Object angemessen ist, oder wenn in Ansehung seines Objects nicht der mindeste Irrthum statt findet; — **roh** ist es, wenn Irrthümer darinn seyn können, ohne eben der Absicht hinderlich zu seyn.

Dieser Unterschied betrifft die weitere oder engere Bestimmtheit unsers Erkenntnisses (cognitio late vel stricte determinata). — Anfangs ist es zuweilen nöthig, ein Erkenntniß in einem weitern Umfange zu bestimmen (late determinare), besonders in historischen Dingen. In Vernunfterkenntnissen aber muß alles genau (stricte) bestimmt seyn. Bey der laten Determination sagt man: ein Erkenntniß sey praeter, propter determinirt. Es kommt immer auf die Absicht eines Erkenntnisses an, ob es roh oder genau bestimmt seyn soll. Die late Determination läßt noch immer einen Spielraum für den Irrthum übrig, der aber doch seine bestimmten Gränzen haben kann. Irrthum findet besonders da statt, wo eine late Determination für eine stricte genommen wird, z. B. in Sachen der Moralität, wo alles stricte determinirt seyn muß. Die das nicht thun, werden von den Engländern **Latitudinarier** genannt.

Von

Von der Genauigkeit, als einer objectiven Vollkommenheit des Erkenntnisses — da das Erkenntniß hier völlig mit dem Object congruirt — kann man noch die Subtilität als eine subjective Vollkommenheit desselben unterscheiden.

Ein Erkenntniß von einer Sache ist subtil, wenn man darinn dasjenige entdeckt, was Anderer Aufmerksamkeit zu entgehen pflegt. Es erfordert also einen höhern Grad von Aufmerksamkeit und einen größern Aufwand von Verstandeskraft.

Viele tadeln alle Subtilität, weil sie sie nicht erreichen können. Aber sie macht an sich immer dem Verstande Ehre und ist sogar verdienstlich und nothwendig, so fern sie auf einen der Beobachtung würdigen Gegenstand angewandt wird. — Wenn man aber mit einer geringern Aufmerksamkeit und Anstrengung des Verstandes denselben Zweck hätte erreichen können; und man verwendet doch mehr darauf: so macht man unnützen Aufwand und verfällt in Subtilitäten, die zwar schwer sind, aber zu nichts nützen (nugae difficiles). —

So wie dem Genauen das Rohe, so ist dem Subtilen das Grobe entgegengesetzt.

———

Aus der Natur des Irrthums, in dessen Begriffe, wie wir bemerkten, außer der Falschheit, noch der Schein

## Einleitung.

Schein der Wahrheit als ein wesentliches Merkmal enthalten ist, ergiebt sich für die Wahrheit unsers Erkenntnisses folgende wichtige Regel:

Um Irrthümer zu vermeiden — und **unvermeidlich** ist wenigstens absolut oder schlechthin kein Irrthum, ob er es gleich **beziehungsweise** seyn kann für die Fälle, da es, selbst auf die Gefahr zu irren, unvermeidlich für uns ist, zu urtheilen — also um Irrthümer zu vermeiden, muß man die Quelle derselben, den Schein, zu entdecken und zu erklären suchen. Das haben aber die wenigsten Philosophen gethan. Sie haben nur die Irrthümer selbst zu widerlegen gesucht, ohne den Schein anzugeben, woraus sie entspringen. Diese Aufdeckung und Auflösung des Scheines ist aber ein weit größeres Verdienst um die Wahrheit als die directe Widerlegung der Irrthümer selbst, wodurch man die Quelle derselben nicht verstopfen und es nicht verhüten kann, daß nicht der nemliche Schein, weil man ihn nicht kennt, in andern Fällen wiederum zu Irrthümern verleite. Denn sind wir auch überzeugt worden, daß wir geirrt haben: so bleiben uns doch, im Fall der Schein selbst, der unserm Irrthume zum Grunde liegt, nicht gehoben ist, noch Skrupel übrig, so wenig wir auch zu deren Rechtfertigung vorbringen können.

Durch Erklärung des Scheins läßt man überdies auch dem Irrenden eine Art von Billigkeit wiederfahren. Denn es wird niemand zugeben, daß er ohne irgend

einen

einen Schein der Wahrheit geirrt habe, der vielleicht auch einen Scharfsinnigern hätte täuschen können, weil es hierbey auf subjective Gründe ankommt.

Ein Irrthum, wo der Schein auch dem gemeinen Verstande (sensus communis) offenbar ist, heißt eine **Abgeschmacktheit** oder **Ungereimtheit**. Der Vorwurf der Absurdität ist immer ein persönlicher Tadel, den man vermeiden muß, insbesondre bey Widerlegung der Irrthümer.

Denn demjenigen, welcher eine Ungereimtheit behauptet, ist selbst doch der Schein, der dieser offenbaren Falschheit zum Grunde liegt, nicht offenbar. Man muß ihm diesen Schein erst offenbar **machen**. Beharrt er auch alsdann noch dabey, so ist er freylich abgeschmackt; aber dann ist auch weiter nichts mehr mit ihm anzufangen. Er hat sich dadurch aller weitern Zurechtweisung und Widerlegung eben so unfähig als unwürdig gemacht. Denn man kann eigentlich Keinem beweisen, daß er ungereimt sey; hierbey wäre alles Vernünfteln vergeblich. Wenn man die Ungereimtheit beweist: so redet man nicht mehr mit dem Irrenden, sondern mit dem Vernünftigen. Aber da ist die Aufdeckung der Ungereimtheit (deductio ad absurdum) nicht nöthig.

Einen **abgeschmackten** Irrthum kann man auch einen solchen nennen, dem nichts, auch nicht einmal der Schein zur Entschuldigung dient; so wie

wie ein grober Irrthum ein Irrthum ist, welcher Unwissenheit im gemeinen Erkenntnisse oder Verstoß wider gemeine Aufmerksamkeit beweiset.

Irrthum in Principien ist größer als in ihrer Anwendung.

---

Ein äußeres Merkmal oder ein äußerer Probierstein der Wahrheit ist die Vergleichung unserer eigenen mit Anderer Urtheilen, weil das Subjective nicht allen Andern auf gleiche Art beywohnen wird, mithin der Schein dadurch erklärt werden kann. Die Unvereinbarkeit Anderer Urtheile mit den unsrigen ist daher als ein äußeres Merkmal des Irrthums und als ein Wink anzusehen, unser Verfahren im Urtheilen zu untersuchen, aber darum nicht so fort zu verwerfen. Denn man kann doch vielleicht recht haben in der Sache und nur unrecht in der Manier, d. i. beim Vortrage.

Der gemeine Menschenverstand (sensus communis) ist auch an sich ein Probierstein, um die Fehler des künstlichen Verstandesgebrauchs zu entdecken. Das heißt: sich im Denken, oder im spekulativen Vernunftgebrauche durch den gemeinen Verstand orientiren, wenn man den gemeinen Verstand als Probe zu Beurtheilung der Richtigkeit des spekulativen gebraucht.

Allgemeine Regeln und Bedingungen der Vermeidung des Irrthums überhaupt sind 1) selbst zu denken, 2) sich in der Stelle eines Andern zu denken, und 3) jederzeit mit sich selbst einstimmig zu denken. — Die Maxime des Selbstdenkens kann man die aufgeklärte; die Maxime sich in Anderer Gesichtspunkte im Denken zu versetzen, die erweiterte; und die Maxime, jederzeit mit sich selbst einstimmig zu denken, die consequente oder bündige Denkart nennen.

---

### VIII.

C) logische Vollkommenheit des Erkenntnisses der Qualität nach. — Klarheit. — Begriff eines Merkmals überhaupt. — Verschiedene Arten der Merkmale. — Bestimmung des logischen Wesens einer Sache. — Unterschied desselben vom Realwesen. — Deutlichkeit, ein höherer Grad der Klarheit. — Aesthetische und logische Deutlichkeit. — Unterschied zwischen analytischer und synthetischer Deutlichkeit.

Das menschliche Erkenntniß ist von Seiten des Verstandes discursiv; d. h. es geschieht durch Vorstellungen, die das, was mehreren Dingen gemein ist, zum Erkenntnißgrunde machen, mithin durch Merkmale,

male, als solche. — Wir erkennen also Dinge nur durch Merkmale; und das heißt eben Erkennen, welches von Kennen herkommt.

Ein Merkmal ist dasjenige an einem Dinge, was einen Theil der Erkenntniß desselben ausmacht; oder — welches dasselbe ist — eine Partialvorstellung, so fern sie als Erkenntnißgrund der ganzen Vorstellung betrachtet wird. — Alle unsre Begriffe sind demnach Merkmale und alles Denken ist nichts anders als ein Vorstellen durch Merkmale.

Ein jedes Merkmal läßt sich von zwey Seiten betrachten:

Erstlich, als Vorstellung an sich selbst;

Zweytens, als gehörig wie ein Theilbegriff zu der ganzen Vorstellung eines Dinges und dadurch als Erkenntnißgrund dieses Dinges selbst.

Alle Merkmale, als Erkenntnißgründe betrachtet, sind von zwiefachem Gebrauche, entweder einem innerlichen oder einem äußerlichen. Der innere Gebrauch besteht in der Ableitung, um durch Merkmale als ihre Erkenntnißgründe, die Sache selbst zu erkennen. Der äußere Gebrauch besteht in der Vergleichung, sofern wir durch Merkmale ein Ding mit andern nach den Regeln der Identität oder Diversität vergleichen können.

Es giebt unter den Merkmalen mancherley specifische Unterschiede, auf die sich folgende Klassifikation derselben gründet.

1) **Analytische oder synthetische Merkmale.** — Jene sind Theilbegriffe meines wirklichen Begriffs (die ich darinn schon denke), diese dagegen sind Theilbegriffe des bloß möglichen ganzen Begriffs (der also durch eine Synthesis mehrerer Theile erst werden soll.) — Erstere sind alle Vernunftbegriffe, die letztern können Erfahrungsbegriffe seyn.

2) **Coordinirte oder subordinirte.** — Diese Eintheilung der Merkmale betrifft ihre Verknüpfung nach oder unter einander.

Coordinirt sind die Merkmale, sofern ein jedes derselben als ein unmittelbares Merkmal der Sache vorgestellt wird; und subordinirt, so fern ein Merkmal nur vermittelst des andern an dem Dinge vorgestellt wird. — Die Verbindung coordinirter Merkmale zum Ganzen des Begriffs heißt ein Aggregat; die Verbindung subordinirter Merkmale, eine Reihe. Jene, die Aggregation coordinirter Merkmale macht die Totalität des Begriffs aus, die aber in Ansehung synthetischer empirischer Begriffe nie vollendet seyn kann, sondern einer geraden Linie ohne Gränzen gleicht.

Die Reihe subordinirter Merkmale stößt a parte ante oder auf Seiten der Gründe, an unauflösliche Begriffe, die sich ihrer Einfachheit wegen nicht weiter zergliedern lassen; a parte post, oder in Ansehung der Folgen hingegen ist sie unendlich, weil wir zwar ein höchstes genus, aber keine unterste species haben.

Mit der Synthesis jedes neuen Begriffs in der Aggregation coordinirter Merkmale wächst die extensive oder ausgebreitete Deutlichkeit; so wie mit der weitern Analysis der Begriffe in der Reihe subordinirter Merkmale die intensive oder tiefe Deutlichkeit. Diese letztere Art der Deutlichkeit, da sie nothwendig zur Gründlichkeit und Bündigkeit des Erkenntnisses dient, ist darum hauptsächlich Sache der Philosophie und wird insbesondre in metaphysischen Untersuchungen am höchsten getrieben.

3) *Bejahende oder verneinende Merkmale.* — Durch jene erkennen wir, was das Ding ist; durch diese, was es nicht ist.

Die verneinenden Merkmale dienen dazu, uns von Irrthümern abzuhalten. Daher sind sie unnöthig, da wo es unmöglich ist, zu irren, und nur nöthig und von Wichtigkeit in denjenigen Fällen, wo sie uns von einem wichtigen Irrthume abhalten, in den wir leicht gerathen können. So sind z. B. in Ansehung

Es giebt unter den Merkmalen mancherley specifische Unterschiede, auf die sich folgende Klassifikation derselben gründet.

1) **Analytische oder synthetische Merkmale.** — Jene sind Theilbegriffe meines wirklichen Begriffs (die ich darinn schon denke), diese dagegen sind Theilbegriffe des bloß möglichen ganzen Begriffs (der also durch eine Synthesis mehrerer Theile erst werden soll.) — Erstere sind alle Vernunftbegriffe, die letztern können Erfahrungsbegriffe seyn.

2) **Coordinirte oder subordinirte.** — Diese Eintheilung der Merkmale betrifft ihre Verknüpfung nach oder unter einander.

Coordinirt sind die Merkmale, sofern ein jedes derselben als ein unmittelbares Merkmal der Sache vorgestellt wird; und subordinirt, so fern ein Merkmal nur vermittelst des andern an dem Dinge vorgestellt wird. — Die Verbindung coordinirter Merkmale zum Ganzen des Begriffs heißt ein Aggregat; die Verbindung subordinirter Merkmale, eine Reihe. Jene, die Aggregation coordinirter Merkmale macht die Totalität des Begriffs aus, die aber in Ansehung synthetischer empirischer Begriffe nie vollendet seyn kann, sondern einer geraden Linie ohne Gränzen gleicht.

Die

Die Reihe subordinirter Merkmale stößt a parte ante oder auf Seiten der Gründe, an unauflösliche Begriffe, die sich ihrer Einfachheit wegen nicht weiter zergliedern lassen; a parte post, oder in Ansehung der Folgen hingegen ist sie unendlich, weil wir zwar ein höchstes genus, aber keine unterste species haben.

Mit der Synthesis jedes neuen Begriffs in der Aggregation coordinirter Merkmale wächst die extensive oder ausgebreitete Deutlichkeit; so wie mit der weitern Analysis der Begriffe in der Reihe subordinirter Merkmale die intensive oder tiefe Deutlichkeit. Diese letztere Art der Deutlichkeit, da sie nothwendig zur Gründlichkeit und Bündigkeit des Erkenntnisses dient, ist darum hauptsächlich Sache der Philosophie und wird insbesondre in metaphysischen Untersuchungen am höchsten getrieben.

3) *Bejahende oder verneinende Merkmale.* — Durch jene erkennen wir, was das Ding ist; durch diese, was es nicht ist.

Die verneinenden Merkmale dienen dazu, uns von Irrthümern abzuhalten. Daher sind sie unnöthig, da wo es unmöglich ist, zu irren, und nur nöthig und von Wichtigkeit in denjenigen Fällen, wo sie uns von einem wichtigen Irrthume abhalten, in den wir leicht gerathen können. So sind z. B. in Ansehung des

des Begriffs von einem Wesen wie Gott, die verneinenden Merkmale sehr nöthig und wichtig.

Durch bejahende Merkmale wollen wir also etwas verstehen; durch verneinende — in die man alle Merkmale insgesammt verwandeln kann — nur nicht mißverstehen oder darinn nur nicht irren, sollten wir auch nichts davon kennen lernen.

4) **Wichtige und fruchtbare oder leere und unwichtige Merkmale.** —

Ein Merkmal ist wichtig und fruchtbar, wenn es ein Erkenntnißgrund von großen und zahlreichen Folgen ist, **theils in Ansehung seines innern Gebrauchs** — des Gebrauchs in der Ableitung — so fern es hinreichend ist, um dadurch sehr viel an der Sache selbst zu erkennen; — **theils in Rücksicht auf seinen äußern Gebrauch** — den Gebrauch in der Vergleichung — so fern es dazu dient, sowohl die Aehnlichkeit eines Dinges mit vielen andern als auch die Verschiedenheit desselben von vielen andern zu erkennen.

Uebrigens müssen wir hier die **logische Wichtigkeit und Fruchtbarkeit** von der **praktischen** — der Nützlichkeit und Brauchbarkeit unterscheiden.

5) **Zureichende und nothwendige oder unzureichende und zufällige Merkmale.** —

Ein Merkmal ist zureichend, so fern es hinreicht, das Ding jederzeit von allen andern zu unterscheiden;

scheiden; widrigenfalls ist es unzureichend, wie z. B. das Merkmal des Bellens vom Hunde. — Die Hinlänglichkeit der Merkmale ist aber so gut wie ihre Wichtigkeit nur in einem relativen Sinne zu bestimmen, in Beziehung auf die Zwecke, welche durch ein Erkenntniß beabsichtiget werden.

Nothwendige Merkmale sind endlich diejenigen, die jederzeit bey der vorgestellten Sache müssen anzutreffen seyn. Dergleichen Merkmale heißen auch wesentliche, und sind den ausserwesentlichen und zufälligen entgegen gesetzt, die von dem Begriffe des Dinges getrennt werden können.

Unter den nothwendigen Merkmalen giebt es aber noch einen Unterschied. —

Einige derselben kommen dem Dinge zu als Gründe andrer Merkmale von Einer und derselben Sache; andre dagegen nur als Folgen von andern Merkmalen.

Die erstern sind primitive und constitutive Merkmale (constitutiva, essentialia in sensu strictissimo); die andern heißen Attribute (consectaria, rationata), und gehören zwar auch zum Wesen des Dinges, aber nur, so fern sie aus jenen wesentlichen Stücken desselben erst abgeleitet werden müssen; wie z. B. die drey Winkel im Begriffe eines Triangels aus den drey Seiten.

Die ausserwesentlichen Merkmale sind auch wieder von zwiefacher Art; sie betreffen entweder innere Bestimmungen eines Dinges (modi) oder dessen äußere Verhältnisse (relationes). So bezeichnet z. B. das Merkmal der Gelehrsamkeit eine innere Bestimmung des Menschen; Herr oder Knecht seyn, nur ein äußeres Verhältniß desselben.

---

Der Inbegriff aller wesentlichen Stücke eines Dinges oder die Hinlänglichkeit der Merkmale desselben der Coordination oder der Subordination nach, ist das Wesen (complexus notarum primitivarum, internæ conceptui dato sufficientium; s. complexus notarum, conceptum aliquem primitive constituentium).

Bey dieser Erklärung müssen wir aber hier ganz und gar nicht an das Real- oder Natur-Wesen der Dinge denken, das wir überall nicht einzusehen vermögen. Denn da die Logik von allem Inhalte des Erkenntnisses, folglich auch von der Sache selbst abstrahirt: so kann in dieser Wissenschaft lediglich nur von dem logischen Wesen der Dinge die Rede seyn. Und dieses können wir leicht einsehen. Denn dazu gehört weiter nichts als die Erkenntniß aller der Prädikate, in Ansehung deren ein Object durch seinen Begriff bestimmt ist; anstatt daß zum Real-Wesen des Dinges (Esse rei) die Erkenntniß derjenigen Prädikate erfordert wird, von denen alles, was zu seinem Daseyn gehört,

als

als Bestimmungsgründen, abhängt. — Wollen wir z. B. das logische Wesen des Körpers bestimmen: so haben wir gar nicht nöthig die Data hierzu in der Natur aufzusuchen; — wir dürfen unsre Reflexion nur auf die Merkmale richten, die als wesentliche Stücke (constitutiva, rationes) den Grundbegriff desselben ursprünglich constituiren. Denn das logische Wesen ist ja selbst nichts anders, als der erste Grundbegriff aller nothwendigen Merkmale eines Dinges (Esse conceptus).

---

Die erste Stufe der Vollkommenheit unsers Erkenntnisses der Qualität nach, ist also die Klarheit desselben. Eine zweyte Stufe, oder ein höherer Grad der Klarheit, ist die Deutlichkeit. Diese besteht in der Klarheit der Merkmale.

Wir müssen hier zuvörderst die logische Deutlichkeit überhaupt von der ästhetischen unterscheiden. — Die logische beruht auf der objectiven, die ästhetische auf der subjectiven Klarheit der Merkmale. Jene ist eine Klarheit durch Begriffe, diese eine Klarheit durch Anschauung. Die letztere Art der Deutlichkeit besteht also in einer bloßen Lebhaftigkeit und Verständlichkeit, d. h. in einer bloßen Klarheit durch Beyspiele in concreto (denn verständlich kann vieles seyn, was doch nicht deutlich ist, und umgekehrt kann Vieles deutlich seyn, was doch schwer zu verstehen ist,

ist, weil es bis auf entfernte Merkmale zurückgeht, deren Verknüpfung mit der Anschauung nur durch eine lange Reihe möglich ist.)

Die objective Deutlichkeit verursacht öfters subjective Dunkelheit und umgekehrt. Daher ist die logische Deutlichkeit nicht selten nur zum Nachtheil der ästhetischen möglich und umgekehrt wird oft die ästhetische Deutlichkeit durch Beyspiele und Gleichnisse, die nicht genau passen, sondern nur nach einer Analogie genommen werden, der logischen Deutlichkeit schädlich. — Ueberdies sind auch Beyspiele überhaupt keine Merkmale und gehören nicht als Theile zum Begriffe, sondern als Anschauungen nur zum Gebrauche des Begriffs. Eine Deutlichkeit durch Beyspiele — die bloße Verständlichkeit — ist daher von ganz anderer Art als die Deutlichkeit durch Begriffe als Merkmale. — In der Verbindung beyder, der ästhetischen oder popularen mit der scholastischen oder logischen Deutlichkeit, besteht die **Helligkeit**. Denn unter einem hellen Kopfe denkt man sich das Talent einer lichtvollen, der Fassungskraft des gemeinen Verstandes angemessenen Darstellung abstracter und gründlicher Erkenntnisse.

Was nun hiernächst insbesondre die logische Deutlichkeit betrifft: so ist sie eine *vollständige* Deutlichkeit zu nennen, so fern alle Merkmale, die zusammen genommen den ganzen Begriff ausmachen, bis zur Klarheit gekommen sind. — Ein vollständig

oder

oder complet deutlicher Begriff kann es nun hinwiederum seyn, entweder in Ansehung der Totalität seiner coordinirten, oder in Rücksicht auf die Totalität seiner subordinirten Merkmale. In der totalen Klarheit der coordinirten Merkmale besteht die extensiv vollständige oder zureichende Deutlichkeit eines Begriffs, die auch die Ausführlichkeit heißt. Die totale Klarheit der subordinirten Merkmale macht die intensiv vollständige Deutlichkeit aus — die Profundität. —

Die erstere Art der logischen Deutlichkeit kann auch die äußere Vollständigkeit (completudo externa), so wie die andre, die innere Vollständigkeit (completudo interna) der Klarheit der Merkmale genannt werden. Die letztere läßt sich nur von reinen Vernunftbegriffen und von willkührlichen Begriffen, nicht aber von empirischen erlangen.

Die extensive Größe der Deutlichkeit, so fern sie nicht abundant ist, heißt Präcision (Abgemessenheit). Die Ausführlichkeit (completudo) und Abgemessenheit (praecisio) zusammen, machen die Angemessenheit aus (cognitionem, quae rem adaequat); und in der intensiv-adäquaten Erkenntniß in der Profundität, verbunden mit der extensiv adäquaten in der Ausführlichkeit und Präcision, besteht (der Qualität nach) die vollendete Vollkommenheit eines Erkenntnisses (consummata cognitionis perfectio).

Da es, wie wir bemerkt haben, das Geschäft der Logik ist, klare Begriffe deutlich zu machen: so frägt es sich nun: Auf welche Art sie dieselben deutlich mache? —

Die Logiker aus der Wolffischen Schule setzen alle Deutlichmachung der Erkenntnisse in die bloße Zergliederung derselben. Allein nicht alle Deutlichkeit beruht auf der Analysis eines gegebenen Begriffs. Dadurch entsteht sie nur in Ansehung derjenigen Merkmale, die wir schon in dem Begriffe dachten, keinesweges aber in Rücksicht auf die Merkmale, die zum Begriffe erst hinzukommen, als Theile des ganzen möglichen Begriffs.

Diejenige Art der Deutlichkeit, die nicht durch Analysis, sondern durch Synthesis der Merkmale entspringt, ist die **synthetische Deutlichkeit**. Und es ist also ein wesentlicher Unterschied zwischen den beyden Sätzen: **Einen deutlichen Begriff machen** und — **einen Begriff deutlich machen**.

Denn wenn ich einen deutlichen Begriff mache: so fange ich von den Theilen an und gehe von diesen zum Ganzen fort. Es sind hier noch keine Merkmale vorhanden; ich erhalte dieselben erst durch die Synthesis. Aus diesem synthetischen Verfahren geht also die synthetische Deutlichkeit hervor, welche meinen Begriff durch das, was über denselben in der (reinen oder empirischen) Anschauung als Merkmal hinzukommt,

dem

dem Inhalte nach wirklich erweitert. — Dieses synthetischen Verfahrens in Deutlichmachung der Begriffe bedient sich der Mathematiker und auch der Naturphilosoph. Denn alle Deutlichkeit des eigentlich mathematischen so wie alles Erfahrungserkenntnisses beruht auf einer solchen Erweiterung desselben durch Synthesis der Merkmale.

Wenn ich aber einen Begriff deutlich mache: so wächst durch diese bloße Zergliederung, mein Erkenntniß ganz und gar nicht dem Inhalte nach. Dieser bleibt derselbe; nur die Form wird verändert, indem ich das, was in dem gegebenen Begriffe schon lag, nur besser unterscheiden oder mit klärerem Bewußtseyn erkennen lerne. So wie durch die bloße Illumination einer Charte zu ihr selbst nichts weiter hinzukommt: so wird auch durch die bloße Aufhellung eines gegebenen Begriffs vermittelst der Analysis seiner Merkmale, dieser Begriff selbst nicht im mindesten vermehrt.

Zur Synthesis gehört die Deutlichmachung der Objecte, zur Analysis die Deutlichmachung der Begriffe. Hier geht das Ganze den Theilen, dort gehen die Theile dem Ganzen vorher. — Der Philosoph macht nur gegebene Begriffe deutlich. — Zuweilen verfährt man synthetisch, auch wenn der Begriff, den man auf diese Art deutlich machen will, schon gegeben ist. Dieses findet oft statt bey Erfahrungssätzen, wofern man mit den, in einem gegebenen Begriffe

griffe schon gedachten, Merkmalen noch nicht zufrieden ist.

Das analytische Verfahren, Deutlichkeit zu erzeugen, womit sich die Logik allein beschäftigen kann, ist das erste und hauptsächlichste Erforderniß bey der Deutlichmachung unsers Erkenntnisses. Denn je deutlicher unser Erkenntniß von einer Sache ist: um so stärker und wirksamer kann es auch seyn. Nur muß die Analysis nicht so weit gehen, daß darüber der Gegenstand selbst am Ende verschwindet.

Wären wir uns alles dessen bewußt, was wir wissen: so müßten wir über die große Menge unserer Erkenntnisse erstaunen.

———

In Ansehung des objectiven Gehaltes unserer Erkenntniß überhaupt, lassen sich folgende Grade denken, nach welchen dieselbe in dieser Rücksicht kann gesteigert werden:

Der erste Grad der Erkenntniß ist: sich etwas Vorstellen;

Der zweyte: sich mit Bewußtseyn etwas vorstellen oder Wahrnehmen (percipere);

Der dritte: etwas Kennen (noscere) oder sich etwas in der Vergleichung mit andern Dingen vorstellen sowohl der Einerleyheit als der Verschiedenheit nach;

Der

### Einleitung.

Der vierte: mit Bewußtseyn etwas Kennen, d. h. Erkennen (cognoscere). Die Thiere kennen auch Gegenstände, aber sie erkennen sie nicht.

Der fünfte: etwas Verstehen (intelligere) d. h. durch den Verstand vermöge der Begriffe erkennen oder concipiren. Dieses ist vom Begreifen sehr unterschieden. Concipiren kann man Vieles, obgleich man es nicht begreifen kann, z. B. ein perpetuum mobile, dessen Unmöglichkeit in der Mechanik gezeigt wird.

Der sechste: etwas durch die Vernunft erkennen oder einsehen (perspicere). — Bis dahin gelangen wir in wenigen Dingen und unsre Erkenntnisse werden der Zahl nach immer geringer, je mehr wir sie dem Gehalte nach vervollkommnen wollen.

Der siebente endlich: etwas Begreifen (comprehendere) d. h. in dem Grade durch die Vernunft oder a priori erkennen, als zu unsrer Absicht hinreichend ist. — Denn alles unser Begreifen ist nur relativ, d. h. zu einer gewissen Absicht hinreichend, schlechthin begreifen wir gar nichts. — Nichts kann mehr begriffen werden, als was der Mathematiker demonstrirt, z. B. daß alle Linien im Cirkel proportional sind. Und doch begreift er nicht: wie es zugehe, daß eine so einfache Figur diese Eigenschaften habe. Das Feld des Ver-

G stehens

stehens oder des Verstandes ist daher überhaupt weit größer als das Feld des Begreifens oder der Vernunft.

---

## IX.

### D) Logische Vollkommenheit des Erkenntnisses der Modalität nach.

Gewißheit. — Begriff des Fürwahrhaltens überhaupt. — Modi des Fürwahrhaltens: Meynen, Glauben, Wissen. — Ueberzeugung und Ueberredung. — Zurückhalten und Aufschieben eines Urtheils. — Vorläufige Urtheile. — Vorurtheile, deren Quellen und Hauptarten. — —

Wahrheit ist objective Eigenschaft der Erkenntniß; das Urtheil, wodurch etwas als wahr vorgestellt wird — die Beziehung auf einen Verstand und also auf ein besonderes Subject — ist subjectiv das Fürwahrhalten.

Das Fürwahrhalten ist überhaupt von zwiefacher Art: ein gewisses oder ein ungewisses. Das gewisse Fürwahrhalten oder die Gewißheit ist mit dem Bewußtseyn der Nothwendigkeit verbunden; das ungewisse dagegen oder die Ungewißheit, mit dem Bewußtseyn der Zufälligkeit oder der Möglichkeit des

## Einleitung.

Gegentheils. — Das letztere ist hinwiederum entweder so wohl subjectiv als objectiv unzureichend; oder zwar objectiv unzureichend, aber subjectiv zureichend. Jenes heißt Meynung, dieses muß Glaube genannt werden.

Es giebt hiernach drey Arten oder Modi des Fürwahrhaltens: Meynen, Glauben und Wissen. — Das Meynen ist ein problematisches, das Glauben ein assertorisches und das Wissen ein apodiktisches Urtheilen. Denn was ich bloß meyne, das halte ich im Urtheilen, mit Bewußtseyn nur für problematisch; was ich glaube, für assertorisch, aber nicht als objectiv, sondern nur als subjectiv nothwendig; (nur für mich geltend) was ich endlich weiß, für apodiktisch gewiß, d. i. für allgemein und objectiv nothwendig; (für Alle geltend) gesetzt auch, daß der Gegenstand selbst, auf den sich dieses gewisse Fürwahrhalten bezieht, eine bloß empirische Wahrheit wäre. Denn diese Unterscheidung des Fürwahrhaltens nach den so eben genannten drey Modis betrifft nur die Urtheilskraft in Ansehung der subjectiven Criterien der Subsumtion eines Urtheils unter objective Regeln.

So wäre z. B. unser Fürwahrhalten der Unsterblichkeit bloß problematisch: wofern wir nur so handeln, als ob wir unsterblich wären; assertorischer, so fern wir glauben, daß wir unsterblich sind, und apodiktisch endlich: so fern wir Alle wüßten, daß es ein anderes Leben nach diesem giebt.

Zwischen Meynen, Glauben und Wissen findet demnach ein wesentlicher Unterschied statt, den wir hier noch genauer und ausführlicher aus einander setzen wollen.

1) **Meynen.** — Das Meynen oder das Fürwahrhalten aus einem Erkenntnißgrunde, der weder subjectiv noch objectiv hinreichend ist, kann als ein vorläufiges Urtheilen (sub conditione suspensiva ad interim) angesehen werden, dessen man nicht leicht entbehren kann. Man muß erst meynen, ehe man annimmt und behauptet, sich dabey aber auch hüten, eine Meynung für etwas mehr als bloße Meynung zu halten. — Vom Meynen fangen wir größtentheils bey allem unserm Erkennen an. Zuweilen haben wir ein dunkles Vorgefühl von der Wahrheit; eine Sache scheint uns Merkmale der Wahrheit zu enthalten; — wir ahnen ihre Wahrheit schon, noch ehe wir sie mit bestimmter Gewißheit erkennen.

Wo findet nun aber das bloße Meynen eigentlich statt? — In keinen Wissenschaften, welche Erkenntnisse a priori enthalten; also weder in der Mathematik, noch in der Metaphysik, noch in der Moral, sondern lediglich in empirischen Erkenntnissen — in der Physik, der Psychologie u. dgl. Denn es ist an

sich

sich ungereimt, a priori zu meynen. Auch könnte in der That nichts lächerlicher seyn, als z. B. in der Mathematik nur zu meynen. Hier, so wie in der Metaphysik und Moral, gilt es: entweder zu wissen oder nicht zu wissen. — Meynungssachen können daher immer nur Gegenstände einer Erfahrungserkenntniß seyn, die an sich zwar möglich, aber nur für uns unmöglich ist nach den empirischen Einschränkungen und Bedingungen unsers Erfahrungsvermögens und dem davon abhängenden Grade dieses Vermögens, den wir besitzen. So ist z. B. der Aether der neuern Physiker eine bloße Meynungssache. Denn von dieser, so wie von jeder Meynung überhaupt, welche sie auch immer seyn möge, sehe ich ein: daß das Gegentheil doch vielleicht könne bewiesen werden. Mein Fürwahrhalten ist also hier objectiv so wohl als subjectiv unzureichend, obgleich es an sich betrachtet, vollständig werden kann.

2) *Glauben.* — Das Glauben oder das Fürwahrhalten aus einem Grunde, der zwar objectiv unzureichend, aber subjectiv zureichend ist, bezieht sich auf Gegenstände, in Ansehung deren man nicht allein nichts wissen, sondern auch nichts meynen, ja auch nicht einmal Wahrscheinlichkeit vorwenden, sondern bloß gewiß seyn kann, daß es nicht widersprechend ist, sich dergleichen Gegenstände so zu denken, wie man sie sich denkt. Das Uebrige hierbey ist ein freyes Fürwahrhalten, welches nur in practischer a priori

gege-

lich sind; und apodiktisch endlich: so fern wir Alle wüßten, daß es ein anderes Leben nach diesem giebt.

Zwischen Meynen, Glauben und Wissen findet demnach ein wesentlicher Unterschied statt, den wir hier noch genauer und ausführlicher aus einander setzen wollen.

1) **Meynen.** — Das Meynen oder das Fürwahrhalten aus einem Erkenntnißgrunde, der weder subjectiv noch objectiv hinreichend ist, kann als ein vorläufiges Urtheilen (sub conditione suspensiva ad interim) angesehen werden, dessen man nicht leicht entbehren kann. Man muß erst meynen, ehe man annimmt und behauptet, sich dabey aber auch hüten, eine Meynung für etwas mehr als bloße Meynung zu halten. — Vom Meynen fangen wir größtentheils bey allem unserm Erkennen an. Zuweilen haben wir ein dunkles Vorgefühl von der Wahrheit; eine Sache scheint uns Merkmale der Wahrheit zu enthalten; — wir ahnen ihre Wahrheit schon, noch ehe wir sie mit bestimmter Gewißheit erkennen.

Wo findet nun aber das bloße Meynen eigentlich statt? — In keinen Wissenschaften, welche Erkenntnisse a priori enthalten; also weder in der Mathematik, noch in der Metaphysik, noch in der Moral, sondern lediglich in empirischen Erkenntnissen — in der Physik, der Psychologie u. dgl. Denn es ist an sich

sich ungereimt, a priori zu meynen. Auch könnte in der That nichts lächerlicher seyn, als z. B. in der Mathematik nur zu meynen. Hier, so wie in der Metaphysik und Moral, gilt es: entweder zu wissen oder nicht zu wissen. — Meynungssachen können daher immer nur Gegenstände einer Erfahrungserkenntniß seyn, die an sich zwar möglich, aber nur für uns unmöglich ist nach den empirischen Einschränkungen und Bedingungen unsers Erfahrungsvermögens und dem davon abhängenden Grade dieses Vermögens, den wir besitzen. So ist z. B. der Aether der neuern Physiker eine bloße Meynungssache. Denn von dieser, so wie von jeder Meynung überhaupt, welche sie auch immer seyn möge, sehe ich ein: daß das Gegentheil doch vielleicht könne bewiesen werden. Mein Fürwahrhalten ist also hier objectiv so wohl als subjectiv unzureichend, obgleich es an sich betrachtet, vollständig werden kann.

2) **Glauben.** — Das Glauben oder das Fürwahrhalten aus einem Grunde, der zwar objectiv unzureichend, aber subjectiv zureichend ist, bezieht sich auf Gegenstände, in Ansehung deren man nicht allein nichts wissen, sondern auch nichts meynen, ja auch nicht einmal Wahrscheinlichkeit verwenden, sondern bloß gewiß seyn kann, daß es nicht widersprechend ist, sich dergleichen Gegenstände so zu denken, wie man sie sich denkt. Das Uebrige hierbey ist ein freyes Fürwahrhalten, welches nur in practischer a priori gege-

lich sind; und apodiktisch endlich: so fern wir Alle wüßten, daß es ein anderes Leben nach diesem giebt.

Zwischen Meynen, Glauben und Wissen findet demnach ein wesentlicher Unterschied statt, den wir hier noch genauer und ausführlicher aus einander setzen wollen.

1) **Meynen.** — Das Meynen oder das Fürwahrhalten aus einem Erkenntnißgrunde, der weder subjectiv noch objectiv hinreichend ist, kann als ein vorläufiges Urtheilen (sub conditione suspensiva ad interim) angesehen werden, dessen man nicht leicht entbehren kann. Man muß erst meynen, ehe man annimmt und behauptet, sich dabey aber auch hüten, eine Meynung für etwas mehr als bloße Meynung zu halten. — Vom Meynen fangen wir größtentheils bey allem unserm Erkennen an. Zuweilen haben wir ein dunkles Vorgefühl von der Wahrheit; eine Sache scheint uns Merkmale der Wahrheit zu enthalten; — wir ahnen ihre Wahrheit schon, noch ehe wir sie mit bestimmter Gewißheit erkennen.

Wo findet nun aber das bloße Meynen eigentlich statt? — In keinen Wissenschaften, welche Erkenntnisse a priori enthalten; also weder in der Mathematik, noch in der Metaphysik, noch in der Moral, sondern lediglich in empirischen Erkenntnissen — in der Physik, der Psychologie u. dgl. Denn es ist an
sich

sich ungereimt, a priori zu meynen. Auch könnte in der That nichts lächerlicher seyn, als z. B. in der Mathematik nur zu meynen. Hier, so wie in der Metaphysik und Moral, gilt es: entweder zu wissen oder nicht zu wissen. — Meynungssachen können daher immer nur Gegenstände einer Erfahrungserkenntniß seyn, die an sich zwar möglich, aber nur für uns unmöglich ist nach den empirischen Einschränkungen und Bedingungen unsers Erfahrungsvermögens und dem davon abhängenden Grade dieses Vermögens, den wir besitzen. So ist z. B. der Aether der neuern Physiker eine bloße Meynungssache. Denn von dieser, so wie von jeder Meynung überhaupt, welche sie auch immer seyn möge, sehe ich ein: daß das Gegentheil doch vielleicht könne bewiesen werden. Mein Fürwahrhalten ist also hier objectiv so wohl als subjectiv unzureichend, obgleich es an sich betrachtet, vollständig werden kann.

2) Glauben. — Das Glauben oder das Fürwahrhalten aus einem Grunde, der zwar objectiv unzureichend, aber subjectiv zureichend ist, bezieht sich auf Gegenstände, in Ansehung deren man nicht allein nichts wissen, sondern auch nichts meynen, ja auch nicht einmal Wahrscheinlichkeit vorwenden, sondern bloß gewiß seyn kann, daß es nicht widersprechend ist, sich dergleichen Gegenstände so zu denken, wie man sie sich denkt. Das Uebrige hierbey ist ein freyes Fürwahrhalten, welches nur in practischer a priori

gege-

gegebener Absicht nöthig ist, — also ein Fürwahrhalten dessen, was ich aus moralischen Gründen annehme und zwar so, daß ich gewiß bin, das Gegentheil könne nie bewiesen werden. *)

Sachen

*) Das Glauben ist kein besonderer Erkenntnißquell. Es ist eine Art des mit Bewußtseyn unvollständigen Fürwahrhaltens, und unterscheidet sich, wenn es, als auf besondre Art Objecte (die nur für's Glauben gehören) restringirt, betrachtet wird, vom Meynen nicht durch den Grad, sondern durch das Verhältniß, was es als Erkenntniß zum Handeln hat. So bedarf z. B. der Kaufmann, um einen Handel einzuschlagen, daß er nicht bloß meyne, es werde dabey was zu gewinnen seyn, sondern daß er's glaube, d. i. daß seine Meynung zur Unternehmung aufs Ungewisse zureichend sey. — Nun haben wir theoretische Erkenntnisse (vom Sinnlichen), darinn wir es zur Gewißheit bringen können und in Ansehung alles dessen, was wir menschliches Erkenntniß nennen können, muß das Letztere möglich seyn. Eben solche gewisse Erkenntnisse und zwar gänzlich a priori haben wir in practischen Gesetzen; allein diese gründen sich auf ein übersinnliches Princip (der Freyheit) und zwar in uns selbst, als ein Princip der practischen Vernunft. Aber diese practische Vernunft ist eine Caussalität in Ansehung eines gleichfalls übersinnlichen Objects, des höchsten Guts, welches in der Sinnenwelt durch unser Vermögen nicht möglich ist. Gleichwohl muß die Natur als Object unsrer theoretischen Vernunft dazu zusammen stimmen; denn es soll in der Sinnenwelt die Folge oder Wirkung von dieser Idee angetroffen werden. — Wir sollen also handeln, um diesen Zweck wirklich zu machen.

Wir finden in der Sinnenwelt auch Spuren einer Kunstweisheit; und nun glauben wir: die Welturursache wirke auch mit moralischer Weisheit zum höchsten Gut. Dieses ist ein Fürwahrhalten, welches genug

ist

### Einleitung.

Sachen des Glaubens sind also I). keine Gegenstände des empirischen Erkenntnisses. Der sogenannte

ist zum Handeln, d. i. ein Glaube. — Nun bedürfen wir diesen nicht zum Handeln nach moralischen Gesetzen, denn die werden durch practische Vernunft allein gegeben; aber wir bedürfen der Annahme einer höchsten Weisheit zum Object unsers moralischen Willens, worauf wir außer der bloßen Rechtmäßigkeit unserer Handlungen nicht umhin können, unsre Zwecke zu richten. Obgleich dieses **objectiv** keine nothwendige Beziehung unsrer Willkühr wäre; so ist das höchste Gut doch **subjectiv** nothwendig das Object eines guten (selbst menschlichen) Willens, und der Glaube an die Erreichbarkeit desselben wird dazu nothwendig vorausgesetzt.

Zwischen der Erwerbung einer Erkenntniß durch Erfahrung (a posteriori) und durch die Vernunft (a priori) giebt es kein Mittleres. Aber zwischen der Erkenntniß eines Objects und der bloßen Voraussetzung der Möglichkeit desselben giebt es ein Mittleres, nemlich einen empirischen oder einen Vernunftgrund die letztere anzunehmen in Beziehung auf eine nothwendige Erweiterung des Feldes möglicher Objecte über diejenige, deren Erkenntniß uns möglich ist. Diese Nothwendigkeit findet nur in Ansehung dessen statt, da das Object als practisch und durch Vernunft practisch nothwendig erkannt wird; denn zum Behuf der bloßen Erweiterung der theoretischen Erkenntniß etwas anzunehmen, ist jederzeit zufällig. — Diese practisch nothwendige Voraussetzung eines Objects ist die der Möglichkeit des höchsten Guts als Objects der Willkühr, mithin auch der Bedingung dieser Möglichkeit (Gott, Freyheit und Unsterblichkeit). Dieses ist eine subjective Nothwendigkeit, die Realität des Objects um der nothwendigen Willensbestimmung halber anzunehmen. Dies ist der casus extraordinarius, ohne welchen die practische Vernunft sich nicht in Ansehung ihres nothwendigen Zwecks erhalten kann und es kommt ihr hier favor necessitatis zu statten

nannte historische Glaube kann daher eigentlich auch nicht Glaube genannt und als solcher dem Wissen entgegen

ten in ihrem eigenen Urtheil. — Sie kann kein Object logisch erwerben, sondern sich nur allein widersetzen, was sie im Gebrauch dieser Idee, die ihr practisch angehört, hindert.

Dieser Glaube ist die Nothwendigkeit, die objective Realität eines Begriffs (vom höchsten Gut) d. i. die Möglichkeit seines Gegenstandes, als a priori nothwendigen Objects der Willkühr anzunehmen. — Wenn wir bloß auf Handlungen sehen; so haben wir diesen Glauben nicht nöthig. Wollen wir aber durch Handlungen uns zum Besitz des dadurch möglichen Zwecks erweitern: so müssen wir annehmen, daß dieser durchaus möglich sey. — Ich kann also nur sagen: Ich sehe mich durch meinen Zweck nach Gesetzen der Freyheit genöthiget, ein höchstes Gut in der Welt als möglich anzunehmen, aber ich kann keinen Andern durch Gründe nöthigen. (der Glaube ist frey.)

Der Vernunftglaube kann also nie aufs theoretische Erkenntniß gehen; denn da ist das objectiv unzureichende Fürwahrhalten blos Meynung. Er ist blos eine Voraussetzung der Vernunft in subjectiver, aber absolutnothwendiger practischer Absicht. Die Gesinnung nach moralischen Gesetzen führt auf ein Object der durch reine Vernunft bestimmbaren Willkühr. Das Annehmen der Thunlichkeit dieses Objects und also auch der Wirklichkeit der Ursache dazu ist ein moralischer Glaube oder ein freyes und in moralischer Absicht der Vollendung seiner Zwecke nothwendiges Fürwahrhalten. —

---

Fides ist eigentlich Treue im pacto oder subjectives Zutrauen zu einander, daß einer dem Andern sein Versprechen halten werde — Treue und Glauben. Das erste, wenn das pactum gemacht ist; das zweyte, wenn man es schließen soll. —

gegen gesetzt werden; da er selbst ein Wissen seyn kann. Das Fürwahrhalten auf ein Zeugniß ist weder dem Grade noch der Art nach vom Fürwahrhalten durch eigene Erfahrung unterschieden.

II) auch keine Objecte des Vernunfterkenntnisses (Erkenntnisses a priori), weder des theoretischen, z. B. in der Mathematik und Metaphysik; noch des practischen in der Moral.

Mathematische Vernunftwahrheiten kann man auf Zeugnisse zwar glauben, weil Irrthum hier theils nicht leicht möglich ist, theils auch leicht entdeckt werden kann; aber man kann sie auf diese Art doch nicht wissen. Philosophische Vernunftwahrheiten lassen sich aber auch nicht einmal glauben; sie müssen lediglich gewußt werden; denn Philosophie leidet in sich keine bloße Ueberredung. — Und was insbesondre die Gegenstände des practischen Vernunfterkenntnisses in der Moral — die Rechte und Pflichten — betrifft: so kann in Ansehung dieser eben so wenig ein bloßes Glauben statt finden. Man muß völlig gewiß seyn: ob etwas recht oder unrecht, pflichtmäßig oder pflichtwidrig, erlaubt oder unerlaubt sey. Aufs Ungewisse kann man in moralischen Dingen nichts wagen; —

nichts,

Nach der Analogie ist die practische Vernunft gleichsam der Promittent, der Mensch der Promissarius, das erwartete Gute aus der That das Promissum.

nichts, auf die Gefahr des Verstoßes gegen das Gesetz, beschließen. So ist es z. B. für den Richter nicht genug, daß er bloß glaube, der eines Verbrechens wegen Angeklagte habe dieses Verbrechen wirklich begangen. Er muß es (juridisch) wissen, oder handelt gewissenlos.

III) Nur solche Gegenstände sind Sachen des Glaubens, bey denen das Fürwahrhalten nothwendig frey, d. h. nicht durch objective, von der Natur und dem Interesse des Subjects unabhängige, Gründe der Wahrheit bestimmt ist.

Das Glauben giebt daher auch wegen der bloß subjectiven Gründe keine Ueberzeugung, die sich mittheilen läßt und allgemeine Beystimmung gebietet, wie die Ueberzeugung, die aus dem Wissen kommt. Ich selbst kann nur von der Gültigkeit und Unveränderlichkeit meines practischen Glaubens gewiß seyn und mein Glaube an die Wahrheit eines Satzes oder die Wirklichkeit eines Dinges ist das, was, in Beziehung auf mich, nur die Stelle eines Erkenntnisses vertritt, ohne selbst ein Erkenntniß zu seyn.

Moralisch ungläubig ist der, welcher nicht dasjenige annimmt, was zu wissen zwar unmöglich, aber voraus zu setzen, moralisch nothwendig ist. Dieser Art des Unglaubens liegt immer Mangel an moralischem Interesse zum Grunde. Je größer die moralische Gesinnung eines Menschen ist; desto fester und

und lebendiger wird auch sein Glaube seyn an alles dasjenige, was er aus dem moralischen Interesse in practisch nothwendiger Absicht anzunehmen und vorauszusetzen sich genöthiget fühlt.

3) **Wissen.** — Das Fürwahrhalten aus einem Erkenntnißgrunde, der sowohl objectiv als subjectiv zureichend ist, oder die Gewißheit ist entweder *empirisch oder rational*, je nachdem sie entweder auf Erfahrung — die eigene sowohl als die fremde mitgetheilte, — oder auf Vernunft sich gründet. Diese Unterscheidung bezieht sich also auf die beyden Quellen, woraus unser gesammtes Erkenntniß geschöpft wird: die Erfahrung und die Vernunft.

Die rationale Gewißheit ist hinwiederum entweder mathematische oder philosophische Gewißheit. Jene ist *intuitiv*, diese *discursiv*.

Die mathematische Gewißheit heißt auch Evidenz, weil ein intuitives Erkenntniß klärer ist als ein discursives. Obgleich also beydes, das mathematische und das philosophische Vernunfterkenntniß an sich gleich gewiß ist: so ist doch die Art der Gewißheit in beyden verschieden. —

Die empirische Gewißheit ist eine ursprüngliche (originarie empirica), so fern ich von etwas aus *eigener Erfahrung*; und eine *abgeleitete* (derivative empirica), sofern ich durch *fremde Erfahrung* wovon gewiß

gewiß werde. Diese letztere pflegt auch die historische Gewißheit genannt zu werden.

Die rationale Gewißheit unterscheidet sich von der empirischen durch das Bewußtseyn der Nothwendigkeit, das mit ihr verbunden ist; — sie ist also eine apodiktische, die empirische dagegen nur eine assertorische Gewißheit. — Rational gewiß ist man von dem, was man auch ohne alle Erfahrung a priori würde eingesehen haben. Unsre Erkenntnisse können daher Gegenstände der Erfahrung betreffen und die Gewißheit davon kann doch empirisch und rational zugleich seyn, so fern wir nemlich einen empirisch gewissen Satz aus Principien a priori erkennen.

Rationale Gewißheit können wir nicht von Allem haben; aber da, wo wir sie haben können, müssen wir sie der empirischen vorziehen.

Alle Gewißheit ist entweder eine unvermittelte oder eine vermittelte, d. h. sie bedarf entweder eines Beweises, oder ist keines Beweises fähig und bedürftig. — Wenn auch noch so Vieles in unsrer Erkenntnisse nur mittelbar, d. h. nur durch einen Beweis gewiß ist; so muß es doch auch etwas Indemonstrables oder unmittelbar Gewisses geben und unser gesammtes Erkenntniß muß von unmittelbar gewissen Sätzen ausgehen.

Die Beweise, auf denen alle vermittelte oder mittelbare Gewißheit eines Erkenntnisses beruht, sind entweweder directe oder indirecte d. h. apogogische Beweise. — Wenn ich eine Wahrheit aus ihren Gründen beweise: so führe ich einen directen Beweis für dieselbe; und wenn ich von der Falschheit des Gegentheils auf die Wahrheit eines Satzes schließe, einen apogogischen. Soll aber dieser letztere, Gültigkeit haben: so müssen sich die Sätze contradictorisch oder diametraliter entgegen gesetzt seyn. Denn zwey einander bloß contrair entgegengesetzte Sätze (contrarie opposita) können beyde falsch seyn. Ein Beweis, welcher der Grund mathematischer Gewißheit ist, heißt Demonstration und der der Grund philosophischer Gewißheit ist, ein acroamatischer Beweis. Die wesentlichen Stücke eines jeden Beweises überhaupt sind die Materie und die Form desselben; oder der Beweisgrund und die Consequenz.

Vom Wissen kommt Wissenschaft her, worunter der Inbegriff einer Erkenntniß, als System, zu verstehen ist. Sie wird der gemeinen Erkenntniß entgegen gesetzt, d. i. dem Inbegriff einer Erkenntniß, als bloßem Aggregate. — Das System beruht auf einer Idee des Ganzen, welche den Theilen vorangeht; beym gemeinen Erkenntnisse dagegen oder dem bloßen Aggregate von Erkenntnissen gehen die Theile dem Ganzen vorher. — Es giebt historische und Vernunftwissenschaften.

In

In einer Wissenschaft wissen wir oft nur die Erkenntnisse, aber nicht die dadurch vorgestellten Sachen; also kann es eine Wissenschaft von demjenigen geben, wovon unsre Erkenntniß kein Wissen ist.

———

Aus den bisherigen Bemerkungen über die Natur und die Arten des Fürwahrhaltens können wir nun das allgemeine Resultat ziehen: daß also alle unsre Ueberzeugung entweder **logisch** oder **practisch** sey. — Nemlich wenn wir wissen, daß wir frey sind von allen subjectiven Gründen und doch das Fürwahrhalten zureichend ist, so sind wir überzeugt und zwar **logisch** oder aus **objectiven Gründen** überzeugt. (das Object ist gewiß.)

Das complete Fürwahrhalten aus subjectiven Gründen, die in **practischer Beziehung** so viel als objective gelten, ist aber auch Ueberzeugung, nur nicht logische, sondern **practische** (ich bin gewiß). Und diese practische Ueberzeugung oder dieser **moralische Vernunftglaube** ist oft fester als alles Wissen. Beym Wissen hört man noch auf Gegengründe, aber beym Glauben nicht; weil es hierbey nicht auf objective Gründe, sondern auf das moralische Interesse des Subjects ankommt. *)

Der

———

*) Diese practische Ueberzeugung ist also der **moralische Vernunftglaube**, der allein im eigentlichsten Verstande ein Glaube genannt und als solcher dem Wissen und

Der Ueberzeugung steht die Ueberredung entgegen; ein Fürwahrhalten aus unzureichenden Gründen, von denen man nicht weiß, ob sie bloß subjectiv oder auch objectiv sind.

Die Ueberredung geht oft der Ueberzeugung vorher. Wir sind uns vieler Erkenntnisse nur so bewußt, daß wir nicht urtheilen können, ob die Gründe unsers Fürwahrhaltens objectiv oder subjectiv sind. Wir müssen daher, um von der bloßen Ueberredung zur Ueberzeugung gelangen zu können, zuvörderst überlegen, d. h. sehen, zu welcher Erkenntnißkraft ein Erkenntniß gehöre; und sodann untersuchen, d. i. prüfen, ob die Gründe in Ansehung des Objects zureichend oder unzureichend sind. Bey Vielen bleibt es bey der Ueberredung. Bey Einigen kommt es zur Ueber-

und aller theoretischen oder logischen Ueberzeugung überhaupt entgegen gesetzt werden muß, weil er nie zum Wissen sich erheben kann. Der sogenannte historische Glaube dagegen darf, wie schon bemerkt, nicht von dem Wissen unterschieden werden, da er, als eine Art des theoretischen oder logischen Fürwahrhaltens, selbst ein Wissen seyn kann. Wir können mit derselben Gewißheit eine empirische Wahrheit auf das Zeugniß Anderer annehmen, als wenn wir durch Facta der eigenen Erfahrung dazu gelangt wären. Bey der erstern Art des empirischen Wissens ist etwas Trügliches, aber auch bey der letztern. —

Das historische oder mittelbare empirische Wissen beruht auf der Zuverlässigkeit der Zeugnisse. Zu den Erfordernissen eines unverwerflichen Zeugen gehört: Authentizität (Tüchtigkeit) und Integrität,

Ueberlegung, bey Wenigen zur Untersuchung. — Der da weiß, was zur Gewißheit gehört, wird Ueberredung und Ueberzeugung nicht leicht verwechseln und sich also auch nicht leicht überreden lassen. — Es giebt einen Bestimmungsgrund zum Beyfall, der aus objectiven und subjectiven Gründen zusammengesetzt ist, und diese vermischte Wirkung setzen die mehresten Menschen nicht aus einander.

Obgleich jede Ueberredung der Form nach (formaliter) falsch ist, so fern nemlich hierbey eine ungewisse Erkenntniß gewiß zu seyn scheint: so kann sie doch der Materie nach (materialiter) wahr seyn. Und so unterscheidet sie sich denn auch von der Meynung, die eine ungewisse Erkenntniß ist, so fern sie für ungewiß gehalten wird. —

Die Zulänglichkeit des Fürwahrhaltens (im Glauben) läßt sich auf die Probe stellen durch Wetten oder durch Schwören. Zu dem ersten ist comparative, zum zweyten absolute Zulänglichkeit objectiver Gründe nöthig, statt deren, wenn sie nicht vorhanden sind, dennoch ein schlechterdings subjectiv zureichendes Fürwahrhalten gilt.

———

Man pflegt sich oft der Ausdrücke zu bedienen: Seinem Urtheile beypflichten; sein Urtheil zurückhalten, aufschieben oder aufgeben. — Diese und ähnliche Redensarten scheinen anzu-

anzudeuten, daß in unserm Urtheilen etwas Willkühr-
liches sey, indem wir etwas für wahr halten, weil
wir es für wahr halten wollen. Es frägt sich demnach hier: **Ob das Wollen einen Einfluß
auf unsre Urtheile habe?**

Unmittelbar hat der Wille keinen Einfluß auf das
Fürwahrhalten; dieß wäre auch sehr ungereimt. Wenn
es heißt: Wir glauben gern, was wir wün-
schen, so bedeutet das nur unsre gutartigen
Wünsche, z. B. die des Vaters von seinen Kindern.
Hätte der Wille einen unmittelbaren Einfluß auf unsre
Ueberzeugung von dem, was wir wünschen: so wür-
den wir uns beständig Chimären von einem glücklichen
Zustande machen und sie sodann auch immer für wahr
halten. Der Wille kann aber nicht wider überzeu-
gende Beweise von Wahrheiten streiten, die seinen
Wünschen und Neigungen zuwider sind.

So fern aber der Wille den Verstand entweder
zur Nachforschung einer Wahrheit antreibt oder davon
abhält, muß man ihm einen Einfluß auf den Gebrauch des Verstandes und mithin auch mittelbar auf die Ueberzeugung selbst zugestehen, da diese so
sehr von dem Gebrauche des Verstandes abhängt.

Was aber insbesondre die Aufschiebung oder
Zurückhaltung unsers Urtheils betrifft: so besteht
dieselbe in dem Vorsatze, ein bloß vorläufiges Urtheil nicht zu einem bestimmenden werden zu lassen.

Ein vorläufiges Urtheil ist ein solches, wodurch ich mir vorstelle, daß zwar mehr Gründe für die Wahrheit einer Sache, als wider dieselbe da sind, daß aber diese Gründe noch nicht zureichen zu einem bestimmenden oder definitiven Urtheile, dadurch ich geradezu für die Wahrheit entscheide. Das vorläufige Urtheilen ist also ein mit Bewußtseyn bloß problematisches Urtheilen.

Die Zurückhaltung des Urtheils kann in zwiefacher Absicht geschehen; entweder, um die Gründe des bestimmenden Urtheils aufzusuchen; oder um niemals zu urtheilen. Im erstern Falle heißt die Aufschiebung des Urtheils eine critische (suspensio judicii indagatoria), im letztern eine skeptische (suspensio judicii sceptica). Denn der Skeptiker thut auf alles Urtheilen Verzicht, der wahre Philosoph dagegen suspendirt blos sein Urtheil, wofern er noch nicht genugsame Gründe hat, etwas für wahr zu halten. —

Sein Urtheil nach Maximen zu suspendiren, dazu wird eine geübte Urtheilskraft erfordert, die sich nur bey zunehmendem Alter findet. Ueberhaupt ist die Zurückhaltung unsers Beyfalls eine sehr schwere Sache, theils weil unser Verstand so begierig ist durch Urtheilen sich zu erweitern und mit Kenntnissen zu bereichern, theils weil unser Hang immer auf gewisse Sachen mehr gerichtet ist, als auf andre. — Wer aber seinen Beyfall oft hat zurücknehmen müssen und dadurch klug und vorsichtig geworden ist, wird ihn nicht so schnell geben, aus Furcht, sein Urtheil in der Folge wieder zurücknehmen zu müssen. Dieser Widerruf ist immer eine Kränkung und eine Ursache, auf alle andre Kenntnisse ein Mißtrauen zu setzen.

Noch bemerken wir hier: daß es etwas anders ist, sein Urtheil in dubio, als, es in suspenso zu lassen. Bey diesem habe ich immer ein Interesse für die Sache; bey jenem aber ist es nicht immer meinem Zwecke und Interesse gemäß zu entscheiden, ob die Sache wahr sey oder nicht.

Die vorläufigen Urtheile sind sehr nöthig, ja unentbehrlich für den Gebrauch des Verstandes bey allem Meditiren und Untersuchen. Denn sie dienen dazu, den Verstand bey seinen Nachforschungen zu leiten und ihm hierzu verschiedene Mittel an die Hand zu geben.

Wenn wir über einen Gegenstand meditiren, müssen wir immer schon vorläufig urtheilen und das Erkenntniß gleichsam schon wittern, das uns durch die Meditation zu Theil werden wird. Und wenn man auf Erfindungen oder Entdeckungen ausgeht; muß man sich immer einen vorläufigen Plan machen; sonst gehen die Gedanken bloß aufs Ohngefähr. — Man kann sich daher unter vorläufigen Urtheilen Maximen denken zur Untersuchung einer Sache. Auch Anticipationen könnte man sie nennen, weil man sein Urtheil von einer Sache schon anticipirt, noch ehe man das bestimmende hat. — Dergleichen Urtheile haben also ihren guten Nutzen und es ließen sich sogar Regeln darüber geben, wie wir vorläufig über ein Object urtheilen sollen.

―――――

Von den vorläufigen Urtheilen müssen die Vorurtheile unterschieden werden.

Vorurtheile sind vorläufige Urtheile, in so ferne sie als Grundsätze angenommen werden. — Ein jedes Vorurtheil ist als ein Princip irriger Urtheile anzusehen und aus Vorurtheilen entspringen nicht Vorurtheile, sondern irrige Urtheile. — Man muß daher die falsche Erkenntniß, die aus dem Vorurtheil entspringt, von ihrer Quelle, dem Vorurtheil selbst, unterscheiden. So ist z. B. die Bedeutung der Träume an sich selbst kein Vorurtheil, sondern ein Irrthum, der aus der angenommenen allgemeinen Regel entspringt: Was einigemal eintrifft, trifft immer ein oder ist immer für wahr zu halten. Und dieser Grundsatz, unter welchen die Bedeutung der Träume mit gehört, ist ein Vorurtheil.

Zuweilen sind die Vorurtheile wahre vorläufige Urtheile; nur daß sie uns als Grundsätze oder als bestimmende Urtheile gelten, ist unrecht. Die Ursache von dieser Täuschung ist darinn zu suchen, daß subjective Gründe fälschlich für objective gehalten werden, aus Mangel an Ueberlegung, die allem Ur theilen vorher gehen muß. Denn können wir auch manche Erkenntnisse, z. B. die unmittelbar gewissen Sätze, annehmen, ohne sie zu untersuchen, d. h. ohne die Bedingungen ihrer Wahrheit zu prüfen: so können und dürfen wir doch über Nichts urtheilen, ohne zu überlegen, d. h. ohne ein Erkenntniß mit der Erkenntnißkraft, woraus es entspringen soll, (der Sinnlichkeit oder dem Verstande) zu vergleichen. Nehmen wir nun ohne diese Ueberlegung, die auch da nöthig ist, wo keine Untersuchung statt findet, Urtheile an: so entstehen daraus Vorurtheile, oder Principien zu urtheilen aus subjectiven Ursachen, die fälschlich für objective Gründe gehalten werden.

Die Hauptquellen der Vorurtheile sind: Nachahmung, Gewohnheit und Neigung.

Die Nachahmung hat einen allgemeinen Einfluß auf unsre Urtheile; denn es ist ein starker Grund, das für wahr zu halten, was Andre dafür ausgegeben haben. Daher das Vorurtheil: Was alle Welt thut, ist Recht. — Was die Vorurtheile betrifft, die aus der Gewohnheit entsprungen sind, so können sie nur durch die Länge der Zeit ausgerottet werden, indem der Verstand, durch Gegengründe nach und nach im Urtheilen aufgehalten und verzögert, dadurch allmälig zu einer entgegengesetzten Denkart gebracht wird. Ist aber ein Vorurtheil der Gewohnheit zugleich durch Nachahmung entstanden: so ist der Mensch, der es besitzt, davon schwerlich zu heilen. — Ein Vorurtheil aus Nachahmung kann man auch den Hang zum passiven Gebrauch der Vernunft nennen; oder zum Mechanism der Vernunft, statt der Spontaneität derselben unter Gesetzen.

Vernunft ist zwar ein thätiges Princip, das nichts von bloßer Autorität Anderer, auch nicht einmal, wenn es ihren reinen Gebrauch gilt, von der Erfahrung entlehnen soll. Aber die Trägheit sehr vieler Menschen macht, daß sie lieber in Anderer Fußtapfen treten, als ihre eigenen Verstandeskräfte anstrengen. Dergleichen Menschen können immer nur Copien von Andern werden, und wären Alle von der Art, so würde die Welt ewig auf einer und derselben Stelle bleiben. Es ist daher höchst nöthig und wichtig: die Jugend nicht, wie es gewöhnlich geschieht, zum bloßen Nachahmen anzuhalten.

Es giebt so manche Dinge, die dazu beytragen, uns die Maxime der Nachahmung anzugewöhnen und dadurch die Vernunft zu einem fruchtbaren Boden von Vorurtheilen zu machen. Zu dergleichen Hülfsmitteln der Nachahmung gehören

1) Formeln. — Dieses sind Regeln, deren Ausdruck zum Muster der Nachahmung dient. Sie sind übrigens ungemein nützlich zur Erleichterung bey verwickelten Sätzen und der erleuchtetste Kopf sucht daher dergleichen zu erfinden.

2)

2) **Sprüche**, deren Ausdruck eine große Abgemessenheit eines prägnanten Sinnes hat, so daß es scheint, man könne den Sinn nicht mit weniger Worten umfassen. — Dergleichen Aussprüche (dicta), die immer von Andern entlehnt werden müssen, denen man eine gewisse Unfehlbarkeit zutraut, dienen, um dieser Autorität willen, zur Regel und zum Gesetz. — Die Aussprüche der Bibel heißen Sprüche κατ' ἐξοχήν.

3) **Sentenzen**, d. i. Sätze, die sich empfehlen und ihr Ansehen oft Jahrhunderte hindurch erhalten, als Producte einer reifen Urtheilskraft durch den Nachdruck der Gedanken, die darinn liegen.

4) **Canones.** — Dieses sind allgemeine Lehrsprüche, die den Wissenschaften zur Grundlage dienen und etwas Erhabenes und Durchdachtes andeuten. Man kann sie noch auf eine sententiöse Art ausdrücken, damit sie desto mehr gefallen.

5) **Sprüchwörter** (proverbia). — Dieses sind populäre Regeln des gemeinen Verstandes oder Ausdrücke zu Bezeichnung der populären Urtheile desselben. — Da dergleichen bloß provinziale Sätze nur dem gemeinen Pöbel zu Sentenzen und Canonen dienen: so sind sie bey Leuten von feinerer Erziehung nicht anzutreffen.

---

Aus den vorhin angegebenen drey allgemeinen Quellen der Vorurtheile, und insbesondre aus der Nachahmung,

mung, entspringen nun so manche besondre Vorurtheile, unter denen wir folgende, als die gewöhnlichsten, hier berühren wollen.

1) **Vorurtheile des Ansehens.** — Zu diesen ist zu rechnen:

a) das Vorurtheil des Ansehens der Person. — Wenn wir in Dingen, die auf Erfahrung und Zeugnissen beruhen, unsre Erkenntniß auf das Ansehen andrer Personen bauen: so machen wir uns dadurch keiner Vorurtheile schuldig; denn in Sachen dieser Art muß, da wir nicht Alles selbst erfahren, und mit unserm eigenen Verstande umfassen können, das Ansehen der Person die Grundlage unsrer Urtheile seyn. — Wenn wir aber das Ansehen Anderer zum Grunde unsers Fürwahrhaltens in Absicht auf Vernunfterkenntnisse machen: so nehmen wir diese Erkenntnisse auf bloßes Vorurtheil an. Denn Vernunftwahrheiten gelten anonymisch; hier ist nicht die Frage: Wer hat es gesagt, sondern Was hat er gesagt? Es liegt nichts daran, ob ein Erkenntniß von edler Herkunft ist; aber dennoch ist der Hang zum Ansehen großer Männer sehr gemein, theils wegen der Eingeschränktheit eigner Einsicht, theils aus Begierde, dem nachzuahmen, was uns als Groß beschrieben wird. Hierzu kommt noch: daß das Ansehen der Person dazu dient, unsrer Eitelkeit auf eine indirekte Weise zu schmeicheln. So wie nemlich die Unterthanen eines mächtigen Despoten stolz darauf sind, daß sie nur Alle Gleich von ihm behandelt werden, indem der Geringste mit dem Vornehmsten in so ferne sich gleich dünken kann, als sie beyde gegen die unumschränkte Macht ihres Beherrschers Nichts sind: so beurtheilen sich auch die Verehrer eines großen Mannes als gleich, so fern die Vorzüge, die sie unter einander selbst haben mögen, gegen die Verdienste des großen Mannes betrachtet, für unbedeutend zu achten sind. — Die hochgepriesenen großen Männer thun daher dem Hange zum Vorurtheile des Ansehens der Person aus mehr als einem Grunde keinen geringen Vorschub.

b). Das Vorurtheil des Ansehens der Menge. — Zu diesem Vorurtheil ist hauptsächlich der Pöbel geneigt. Denn da er die Verdienste, die Fähigkeiten und Kenntnisse der Person nicht zu beurtheilen vermag: so hält er sich lieber an das Urtheil der Menge, unter der Voraussetzung, daß das, was Alle sagen, wohl wahr seyn müsse. Indessen bezieht sich dieses Vorurtheil bey ihm nur auf historische Dinge; in Religionssachen, bey denen er selbst interessirt ist, verläßt er sich auf das Urtheil der Gelehrten.

Es ist überhaupt merkwürdig, daß der Unwissende ein Vorurtheil für die Gelehrsamkeit hat und der Gelehrte dagegen wiederum ein Vorurtheil für den gemeinen Verstand. —

## Einleitung.

Wenn dem Gelehrten, nachdem er den Kreiß der Wissenschaften schon ziemlich durchgelaufen ist, alle seine Bemühungen nicht die gehörige Genugthuung verschaffen: so bekommt er zuletzt ein Mißtrauen gegen die Gelehrsamkeit, insbesondre in Ansehung solcher Spekulationen, wo die Begriffe nicht sinnlich gemacht werden können, und deren Fundamente schwankend sind, wie z. B. in der Metaphysik. Da er aber doch glaubt, der Schlüssel zur Gewißheit über gewisse Gegenstände müsse irgendwo zu finden seyn: so sucht er ihn nun beym gemeinen Verstande, nachdem er ihn so lange vergebens auf dem Wege des wissenschaftlichen Nachforschens gesucht hatte.

Allein diese Hoffnung ist sehr trüglich; denn wenn das cultivirte Vernunftvermögen in Absicht auf die Erkenntniß gewisser Dinge nichts ausrichten kann, so wird es das uncultivirte sicherlich eben so wenig. In der Metaphysik ist die Berufung auf die Aussprüche des gemeinen Verstandes überall ganz unzuläßig, weil hier kein Fall in concreto kann dargestellt werden. Mit der Moral hat es aber freylich eine andre Bewandtniß. Nicht nur können in der Moral alle Regeln in concreto gegeben werden, sondern die practische Vernunft offenbart sich auch überhaupt klärer und richtiger durch das Organ des gemeinen als durch das des spekulativen Verstandesgebrauchs. Daher der gemeine Verstand über Sachen der Sittlichkeit und Pflicht oft richtiger urtheilt als der spekulative.

c)

e) *Das Vorurtheil des Ansehens des Zeitalters.* — Hier ist das Vorurtheil des Alterthums eines der bedeutendsten. — Wir haben zwar allerdings Grund vom Alterthum günstig zu urtheilen; aber das ist nur ein Grund zu einer gemäßigten Achtung, deren Gränzen wir nur zu oft dadurch überschreiten, daß wir die Alten zu Schatzmeistern der Erkenntnisse und Wissenschaften machen, den *relativen* Werth ihrer Schriften zu einem *absoluten* erheben und ihrer Leitung uns blindlings anvertrauen. — Die Alten so übermäßig schätzen, heißt: den Verstand in seine Kinderjahre zurückführen und den Gebrauch des selbsteigenen Talentes vernachlässigen. — Auch würden wir uns sehr irren, wenn wir glaubten, daß Alle aus dem Alterthum so classisch geschrieben hätten, wie die, deren Schriften bis auf uns gekommen sind. Da nemlich die Zeit alles sichtet und nur das sich erhält, was einen innern Werth hat: so dürfen wir nicht ohne Grund annehmen, daß wir nur die besten Schriften der Alten besitzen.

Es giebt mehrere Ursachen, durch die das Vorurtheil des Alterthums erzeugt und unterhalten wird. —

Wenn etwas die Erwartung nach einer allgemeinen Regel übertrifft: so verwundert man sich Anfangs darüber und diese Verwunderung geht sodann oft in Bewunderung über. Dieses ist der Fall

Fall mit den Alten, wenn man bey ihnen etwas findet, was man, in Rücksicht auf die Zeitumstände, unter welchen sie lebten, nicht suchte. — Eine andre Ursache liegt in dem Umstande, daß die Kenntniß von den Alten und dem Alterthum eine Gelehrsamkeit und Belesenheit beweist, die sich immer Achtung erwirbt, so gemein und unbedeutend die Sachen an sich selbst seyn mögen, die man aus dem Studium der Alten geschöpft hat. — Eine dritte Ursache ist die Dankbarkeit, die wir den Alten dafür schuldig sind, daß sie uns die Bahn zu vielen Kenntnissen gebrochen. Es scheint billig zu seyn, ihnen dafür eine besondre Hochschätzung zu beweisen, deren Maaß wir aber oft überschreiten. — Eine vierte Ursache ist endlich zu suchen in einem gewissen Neide gegen die Zeitgenossen. Wer es mit den Neuern nicht aufnehmen kann, preiset auf Unkosten derselben die Alten hoch, damit sich die Neuern nicht über ihn erheben können. —

Das entgegengesetzte von diesem ist das Vorurtheil der Neuigkeit. — Zuweilen fiel das Ansehen des Alterthums und das Vorurtheil zu Gunsten desselben; insbesondre im Anfange dieses Jahrhunderts, als der berühmte Fontenelle sich auf die Seite der Neuern schlug. — Bey Erkenntnissen, die einer Erweiterung fähig sind, ist es sehr natürlich, daß wir in die Neuern mehr Zutrauen setzen, als in die Alten. Aber dieses Urtheil hat auch

auch nur Grund als ein bloßes vorläufiges Urtheil. Machen wir es zu einem bestimmenden: so wird es Vorurtheil.

2) Vorurtheile aus Eigenliebe oder logischem Egoismus, nach welchem man die Uebereinstimmung des eigenen Urtheils mit den Urtheilen Anderer für ein entbehrliches Criterium der Wahrheit hält. — Sie sind den Vorurtheilen des Ansehens entgegengesetzt, da sie sich in einer gewissen Vorliebe für das äußern, was ein Product des eigenen Verstandes ist, z. B. des eigenen Lehrgebäudes.

―――――

Ob es gut und rathsam sey, Vorurtheile stehen zu lassen oder sie wohl gar zu begünstigen? — Es ist zum Erstaunen, daß in unserm Zeitalter dergleichen Fragen, besonders die wegen Begünstigung der Vorurtheile, noch können aufgegeben werden. Jemandes Vorurtheile begünstigen, heißt eben so viel als Jemanden in guter Absicht betrügen. — Vorurtheile unangetastet lassen, gienge noch an; denn wer kann sich damit beschäftigen, eines Jeden Vorurtheile aufzudecken und wegzuschaffen. Ob es aber nicht rathsam seyn sollte, an ihrer Ausrottung mit allen Kräften zu arbeiten? — das ist doch eine andre Frage. Alte und eingewurzelte Vorurtheile sind freylich schwer zu bekämpfen, weil sie sich selbst verantworten und gleichsam ihre eigenen Richter sind. Auch sucht man das Stehenlassen

der

der Vorurtheile damit zu entschuldigen, daß aus ihrer Ausrottung Nachtheile entstehen würden. Aber man lasse diese Nachtheile nur immer zu; — in der Folge werden sie desto mehr Gutes bringen.

---

## X.

Wahrscheinlichkeit. — Erklärung des Wahrscheinlichen. — Unterschied der Wahrscheinlichkeit von der Scheinbarkeit. — Mathematische und philosophische Wahrscheinlichkeit. — Zweifel — subjectiver und objectiver. — Skeptische, dogmatische und critische Denkart oder Methode des Philosophierens. — Hypothesen. —

Zur Lehre von der Gewißheit unsers Erkenntnisses gehört auch die Lehre von der Erkenntniß des Wahrscheinlichen, das als eine Annäherung zur Gewißheit anzusehen ist. —

Unter Wahrscheinlichkeit ist ein Fürwahrhalten aus unzureichenden Gründen zu verstehen, die aber zu den zureichenden ein größeres Verhältniß haben, als die Gründe des Gegentheils. — Durch diese Erklärung unterscheiden wir die Wahrscheinlichkeit (probabilitas) von der bloßen Scheinbarkeit (verisimilitudo); einem Fürwahrhalten aus unzureichenden Gründen, in
so

so ferne dieselben größer sind, als die Gründe des Gegentheils.

Der Grund des Fürwahrhaltens kann nemlich entweder objectiv oder subjectiv größer seyn, als der des Gegentheils. Welches von beyden er sey, das kann man nur dadurch ausfindig machen, daß man die Gründe des Fürwahrhaltens mit den zureichenden vergleicht; denn alsdenn sind die Gründe des Fürwahrhaltens größer, als die Gründe des Gegentheils seyn können. — Bey der Wahrscheinlichkeit ist also der Grund des Fürwahrhaltens objectiv gültig, bey der bloßen Scheinbarkeit dagegen nur subjectiv gültig. — Die Scheinbarkeit ist bloß Größe der Ueberredung, die Wahrscheinlichkeit ist eine Annäherung zur Gewißheit. — Bey der Wahrscheinlichkeit muß immer ein Maaßstab da seyn, wonach ich sie schätzen kann. Dieser Maaßstab ist die Gewißheit. Denn indem ich die unzureichenden Gründe mit den zureichenden vergleichen soll, muß ich wissen: wie viel zur Gewißheit gehört. — Ein solcher Maaßstab fällt aber bey der bloßen Scheinbarkeit weg; da ich hier die unzureichenden Gründe nicht mit den zureichenden, sondern nur mit den Gründen des Gegentheils vergleiche.

Die Momente der Wahrscheinlichkeit können entweder gleichartig oder ungleichartig seyn. Sind sie gleichartig, wie im mathematischen Erkenntnisse: so müssen sie numerirt werden; sind sie ungleichartig, wie im philosophischen Erkenntnisse: so
müssen

müssen sie ponderirt, d. i. nach der Wirkung geschätzt werden; diese aber nach der Ueberwältigung der Hindernisse im Gemüthe. Letztere geben kein Verhältniß zur Gewißheit, sondern nur einer Scheinbarkeit zur andern. — Hieraus folgt: daß nur der Mathematiker das Verhältniß unzureichender Gründe zum zureichenden Grunde bestimmen kann; der Philosoph muß sich mit der Scheinbarkeit, einem bloß subjectiv und practisch hinreichenden Fürwahrhalten begnügen. Denn im philosophischen Erkenntnisse läßt sich wegen der Ungleichartigkeit der Gründe die Wahrscheinlichkeit nicht schätzen; — die Gewichte sind hier, so zu sagen, nicht alle gestempelt. Von der mathematischen Wahrscheinlichkeit kann man daher auch eigentlich nur sagen: daß sie mehr als die Hälfte der Gewißheit sey. —

Man hat viel von einer Logik der Wahrscheinlichkeit (logica probabilium) geredet. Allein diese ist nicht möglich; denn wenn sich das Verhältniß der unzureichenden Gründe zum zureichenden nicht mathematisch erwägen läßt: so helfen alle Regeln nichts. Auch kann man überall keine allgemeine Regeln der Wahrscheinlichkeit geben, außer daß der Irrthum nicht auf einerley Seite treffen werde, sondern ein Grund der Einstimmung seyn müsse im Object; ingleichen: daß, wenn von zwey entgegengesetzten Seiten in gleicher Menge und Grade geirrt wird, im Mittel die Wahrheit sey.

Zweifel

## Einleitung.

Zweifel ist ein Gegengrund oder ein bloßes Hinderniß des Fürwahrhaltens, das entweder sub-jectiv oder objectiv betrachtet werden kann. — Subjectiv nemlich wird Zweifel bisweilen genommen als ein Zustand eines unentschlossenen Gemüths, und objectiv als die Erkenntniß der Unzulänglichkeit der Gründe zum Fürwahrhalten. In der letztern Rücksicht heißt er ein Einwurf; das ist: ein objectiver Grund, ein für wahr gehaltenes Erkenntniß für falsch zu halten.

Ein bloß subjectiv gültiger Gegengrund des Fürwahrhaltens ist ein Skrupel. — Beym Skrupel weiß man nicht: ob das Hinderniß des Fürwahrhaltens objectiv oder nur subjectiv, z. B. nur in der Neigung, der Gewohnheit u. dgl. m. gegründet sey. Man zweifelt, ohne sich über den Grund des Zweifelns deutlich und bestimmt erklären und ohne einsehen zu können: ob dieser Grund im Object selbst oder nur im Subjecte liege. — Sollen nun solche Skrupel hinweggenommen werden können: so müssen sie zur Deutlichkeit und Bestimmtheit eines Einwurfs erhoben werden. Denn durch Einwürfe wird die Gewißheit zur Deutlichkeit und Vollständigkeit gebracht, und keiner kann von einer Sache gewiß seyn, wenn nicht Gegengründe rege gemacht worden, wodurch bestimmt werden kann: wie weit man noch von der Gewißheit entfernt, oder wie nahe man derselben sey. — Auch ist es nicht genug: daß ein jeder Zweifel bloß beantwortet werde; — man muß

muß ihn auch auflösen, das heißt: begreiflich machen, wie der Skrupel entstanden ist. Geschieht dieses nicht: so wird der Zweifel nur abgewiesen, aber nicht aufgehoben; — der Saame des Zweifelns bleibt dann immer noch übrig. — In vielen Fällen können wir freylich nicht wissen: ob das Hinderniß des Fürwahrhaltens in uns nur subjective oder objective Gründe habe und also den Skrupel nicht heben durch Aufdeckung des Scheines; da wir unsere Erkenntnisse nicht immer mit dem Object, sondern oft nur unter einander selbst vergleichen können. Es ist daher Bescheidenheit, seine Einwürfe nur als Zweifel vorzutragen.

———

Es giebt einen Grundsatz des Zweifelns, der in der Maxime besteht, Erkenntnisse in der Absicht zu behandeln, daß man sie ungewiß macht und die Unmöglichkeit zeigt, zur Gewißheit zu gelangen. Diese Methode des Philosophierens ist die skeptische Denkart oder der Skepticismus. Sie ist der dogmatischen Denkart oder dem Dogmatismus entgegengesetzt, der ein blindes Vertrauen ist auf das Vermögen der Vernunft, ohne Critik sich a priori durch bloße Begriffe zu erweitern, bloß um des scheinbaren Gelingens derselben.

Beyde Methoden sind, wenn sie allgemein werden, fehlerhaft. Denn es giebt viele Kenntnisse, in Ansehung deren wir nicht dogmatisch verfahren können; — und von der andern Seite vertilgt der Skepticism,

ticism, indem er auf alle behauptende Erkenntniß Verzicht thut, alle unsre Bemühungen zum Besitz einer Erkenntniß des Gewissen zu gelangen.

So schädlich nun aber auch dieser Skepticism ist; so nützlich und zweckmäßig ist doch die **skeptische Methode**, wofern man darunter nichts weiter als nur die Art versteht, etwas als ungewiß zu behandeln und auf die höchste Ungewißheit zu bringen, in der Hoffnung, der Wahrheit auf diesem Wege auf die Spur zu kommen. Diese Methode ist also eigentlich eine bloße Suspension des Urtheilens. Sie ist dem **critischen Verfahren** sehr nützlich, worunter diejenige Methode des Philosophierens zu verstehen ist, nach welcher man die **Quellen** seiner Behauptungen oder Einwürfe untersucht, und die Gründe, worauf dieselben beruhen; — eine Methode, welche Hoffnung giebt, zur Gewißheit zu gelangen.

In der Mathematik und Physik findet der Skepticism nicht statt. Nur diejenige Erkenntniß hat ihn veranlassen können, die weder mathematisch noch empirisch ist; — die **rein philosophische.** — Der absolute Skepticism giebt alles für Schein aus. Er unterscheidet also Schein von Wahrheit, und muß mithin doch ein Merkmal des Unterschiedes haben; folglich ein Erkenntniß der Wahrheit voraussetzen, wodurch er sich selbst widerspricht.

———

Wir bemerkten oben von der Wahrscheinlichkeit, daß sie eine bloße Annäherung zur Gewißheit sey. —

Dieses ist nun insbesondre auch der Fall mit den Hypothesen, durch die wir nie zu einer apodiktischen Gewißheit, sondern immer nur zu einem bald größern bald geringern Grade der Wahrscheinlichkeit in unserm Erkenntnisse gelangen können.

Eine **Hypothese** ist ein Fürwahrhalten des Urtheils von der Wahrheit eines Grundes um der Zulänglichkeit der Folgen willen; oder kürzer: das Fürwahrhalten einer Voraussetzung als Grundes.

Alles Fürwahrhalten in Hypothesen gründet sich demnach darauf, daß die Voraussetzung, als Grund, hinreichend ist, andre Erkenntnisse, als Folgen, daraus zu erklären. Denn wir schließen hier von der Wahrheit der Folge auf die Wahrheit des Grundes. — Da aber diese Schlußart, wie oben bereits bemerkt worden, nur dann ein hinreichendes Criterium der Wahrheit giebt und zu einer apodiktischen Gewißheit führen kann, wenn alle mögliche Folgen eines angenommenen Grundes wahr sind: so erhellet hieraus, daß, da wir nie alle mögliche Folgen bestimmen können, Hypothesen immer Hypothesen bleiben, das heißt: Voraussetzungen, zu deren völliger Gewißheit wir nie gelangen können. — Demohngeachtet kann die Wahrscheinlichkeit einer Hypothese doch wachsen und zu einem Analogon der Gewißheit sich erheben, wenn nemlich alle Folgen, die uns bis jetzt vorgekommen sind, aus dem vorausgesetzten Grunde sich erklären lassen. Denn in einem

einem solchen Falle ist kein Grund da, warum wir nicht annehmen sollten, daß sich haraus alle mögliche Folgen werden erklären lassen. Wir ergeben uns also in diesem Falle der Hypothese, als wäre sie völlig gewiß, obgleich sie es nur durch Induction ist.

Und Etwas muß doch auch in jeder Hypothese apodiktisch gewiß seyn; nemlich

1) **die Möglichkeit der Voraussetzung selbst.** — Wenn wir z. B. zu Erklärung der Erdbeben und Vulkane ein unterirrdisches Feuer annehmen; so muß ein solches Feuer doch möglich seyn, wenn auch eben nicht als ein flammender, doch als ein hitziger Körper. — Aber zum Behuf gewisser andrer Erscheinungen die Erde zu einem Thiere zu machen, in welchem die Cirkulation der innern Säfte die Wärme bewirke, heißt eine bloße Erdichtung und keine Hypothese aufstellen. Denn Wirklichkeiten lassen sich wohl erdichten, nicht aber Möglichkeiten; diese müssen gewiß seyn.

2) **Die Consequenz.** — Aus dem angenommenen Grunde müssen die Folgen richtig herfließen; sonst wird aus der Hypothese eine bloße Chimäre.

3) **Die Einheit.** — Es ist ein wesentliches Erforderniß einer Hypothese, daß sie nur Eine sey und keiner Hülfshypothesen zu ihrer Unterstützung bedürfe. — Müssen wir bey einer Hypothese schon mehrere andre zu Hülfe nehmen: so verliert sie dadurch sehr viel von ihrer Wahrscheinlichkeit. Denn je mehr Folgen

Dieses ist nun insbesondre auch der Fall mit den Hypothesen, durch die wir nie zu einer apodiktischen Gewißheit, sondern immer nur zu einem bald größern bald geringern Grade der Wahrscheinlichkeit in unserm Erkenntnisse gelangen können.

Eine Hypothese ist ein Fürwahrhalten des Urtheils von der Wahrheit eines Grundes um der Zulänglichkeit der Folgen willen; oder kürzer: das Fürwahrhalten einer Voraussetzung als Grundes.

Alles Fürwahrhalten in Hypothesen gründet sich demnach darauf, daß die Voraussetzung, als Grund, hinreichend ist, andre Erkenntnisse, als Folgen, daraus zu erklären. Denn wir schließen hier von der Wahrheit der Folge auf die Wahrheit des Grundes. — Da aber diese Schlußart, wie oben bereits bemerkt worden, nur dann ein hinreichendes Criterium der Wahrheit giebt und zu einer apodiktischen Gewißheit führen kann, wenn alle mögliche Folgen eines angenommenen Grundes wahr sind: so erhellet hieraus, daß, da wir nie alle mögliche Folgen bestimmen können, Hypothesen immer Hypothesen bleiben, das heißt: Voraussetzungen, zu deren völliger Gewißheit wir nie gelangen können. — Demohngeachtet kann die Wahrscheinlichkeit einer Hypothese doch wachsen und zu einem Analogon der Gewißheit sich erheben, wenn nemlich alle Folgen, die uns bis jetzt vorgekommen sind, aus dem vorausgesetzten Grunde sich erklären lassen. Denn in
einem

einem solchen Falle ist kein Grund da, warum wir nicht annehmen sollten, daß sich daraus alle mögliche Folgen werden erklären lassen. Wir ergeben uns also in diesem Falle der Hypothese, als wäre sie völlig gewiß, obgleich sie es nur durch Induction ist.

Und Etwas muß doch auch in jeder Hypothese apodiktisch gewiß seyn; nemlich

1) **die Möglichkeit der Voraussetzung selbst.** — Wenn wir z. B. zu Erklärung der Erdbeben und Vulkane ein unterirrdisches Feuer annehmen: so muß ein solches Feuer doch möglich seyn, wenn auch eben nicht als ein flammender, doch als ein hitziger Körper. — Aber zum Behuf gewisser andrer Erscheinungen die Erde zu einem Thiere zu machen, in welchem die Cirkulation der innern Säfte die Wärme bewirke, heißt eine bloße Erdichtung und keine Hypothese aufstellen. Denn Wirklichkeiten lassen sich wohl erdichten, nicht aber Möglichkeiten; diese müssen gewiß seyn.

2) **Die Consequenz.** — Aus dem angenommenen Grunde müssen die Folgen richtig herfließen; sonst wird aus der Hypothese eine bloße Chimäre.

3) **Die Einheit.** — Es ist ein wesentliches Erforderniß einer Hypothese, daß sie nur Eine sey und keiner Hülfshypothesen zu ihrer Unterstützung bedürfe. — Müssen wir bey einer Hypothese schon mehrere andre zu Hülfe nehmen: so verliert sie dadurch sehr viel von ihrer Wahrscheinlichkeit. Denn je mehr Folgen

aus einer Hypothese sich ableiten lassen, um so wahrscheinlicher ist sie; je weniger, desto unwahrscheinlicher. So reichte z. B. die Hypothese des Tycho de Brahe zu Erklärung vieler Erscheinungen nicht zu; er nahm daher zur Ergänzung mehrere neue Hypothesen an. — Hier ist nun schon zu errathen, daß die angenommene Hypothese der ächte Grund nicht seyn könne. Dagegen ist das Copernikanische System eine Hypothese, aus der sich Alles, was daraus erklärt werden soll, — so weit es uns bis jetzt vorgekommen ist, — erklären läßt. Wir brauchen hier keine **Hülfshypothesen** (hypotheses subsidiarias).

Es giebt Wissenschaften, die keine Hypothesen erlauben; wie z. B. die Mathematik und Metaphysik. Aber in der Naturlehre sind sie nützlich und unentbehrlich.

---

# Anhang.

### Von dem Unterschiede des theoretischen und des practischen Erkenntnisses.

Ein Erkenntniß wird **practisch** genannt im Gegensatze **des theoretischen**, aber auch im Gegensatze **des spekulativen** Erkenntnisses.

Practische Erkenntnisse sind nemlich entweder

1) Imperativen und in so ferne den theoretischen Erkenntnissen entgegengesetzt; oder sie enthalten

2)

## Einleitung.

2) die Gründe zu möglichen Imperativen und werden in so ferne den spekulativen Erkenntnissen entgegen gesetzt.

Unter Imperativ überhaupt ist jeder Satz zu verstehen, der eine mögliche freye Handlung aussagt, wodurch ein gewisser Zweck wirklich gemacht werden soll. — Eine jede Erkenntniß also, die Imperativen enthält, ist practisch, und zwar im Gegensatze des theoretischen Erkenntnisses, practisch zu nennen. Denn theoretische Erkenntnisse sind solche, die da aussagen: nicht, was seyn soll, sondern was ist; — also kein Handeln, sondern ein Seyn zu ihrem Object haben.

Setzen wir dagegen practische Erkenntnisse den spekulativen entgegen: so können sie auch theoretisch seyn, wofern aus ihnen nur Imperativen können abgeleitet werden. Sie sind alsdann, in dieser Rücksicht betrachtet, dem Gehalte nach (in potentia) oder objectiv practisch. — Unter spekulativen Erkenntnissen nemlich verstehen wir solche, aus denen keine Regeln des Verhaltens können hergeleitet werden, oder die keine Gründe zu möglichen Imperativen enthalten. Solcher blos spekulativen Sätze giebt es z. B. in der Theologie in Menge. — Dergleichen spekulative Erkenntnisse sind also immer theoretisch; aber nicht umgekehrt ist jede theoretische Erkenntniß spekulativ; sie kann in einer andern Rücksicht betrachtet, auch zugleich practisch seyn.

## Einleitung.

Alles läuft zuletzt auf das Practische hinaus; und in dieser Tendenz alles Theoretischen und aller Spekulation in Ansehung ihres Gebrauchs besteht der practische Werth unsers Erkenntnisses. Dieser Werth ist aber nur alsdenn ein unbedingter, wenn der Zweck, worauf der practische Gebrauch des Erkenntnisses gerichtet ist, ein unbedingter Zweck ist. — Der einzige unbedingte und letzte Zweck (Endzweck), worauf aller practische Gebrauch unsers Erkenntnisses zuletzt sich beziehen muß, ist die Sittlichkeit, die wir um deswillen auch das schlechthin oder absolut Practische nennen. Und derjenige Theil der Philosophie, der die Moralität zum Gegenstande hat, würde demnach practische Philosophie κατ' ἐξοχήν heißen müssen; obgleich jede andre philosophische Wissenschaft immer auch ihren practischen Theil haben, d. h. von den aufgestellten Theorien eine Anweisung zum practischen Gebrauche derselben für die Realisirung gewisser Zwecke enthalten kann.

I.

＃ I.
# Allgemeine Elementarlehre.

# Erster Abschnitt.
## Von den Begriffen.

### §. 1.
### Begriff überhaupt und dessen Unterschied von der Anschauung.

Alle Erkenntnisse, das heißt: alle mit Bewußtseyn auf ein Object bezogene Vorstellungen sind entweder Anschauungen oder Begriffe. — Die Anschauung ist eine einzelne Vorstellung (repraesentat. singularis), der Begriff eine allgemeine (repraesentat. per notas communes) oder reflectirte Vorstellung (repraesentat. discursiva).

Die Erkenntniß durch Begriffe heißt das Denken (cognitio discursiva).

Anmerk. 1. Der Begriff ist der Anschauung entgegengesetzt; denn er ist eine allgemeine Vorstellung oder eine Vorstellung dessen, was mehreren Objecten gemein

gemein ist, ~~also eine Vorstellung~~, so fern sie in verschiedenen enthalten seyn kann.

2. Es ist eine bloße Tavtologie, von allgemeinen oder gemeinsamen Begriffen zu reden; — ein Fehler, der sich auf eine unrichtige Eintheilung der Begriffe in allgemeine, besondre und einzelne gründet. Nicht die Begriffe selbst — nur ihr Gebrauch kann so eingetheilt werden.

### §. 2.
### Materie und Form der Begriffe.

An jedem Begriffe ist Materie und Form zu unterscheiden. — Die Materie der Begriffe ist der Gegenstand; die Form derselben, die Allgemeinheit.

### §. 3.
### Empirischer und reiner Begriff.

Der Begriff ist entweder ein empirischer oder ein reiner Begriff (vel empiricus vel intellectualis). — Ein reiner Begriff ist ein solcher, der ~~nicht~~ von der Erfahrung abgezogen ist, sondern auch dem Inhalte nach aus dem Verstande entspringt.

Die Idee ist ein Vernunftbegriff, deren Gegenstand gar nicht in der Erfahrung kann angetroffen werden.

Anmerk.

### Erster Abschnitt. Von den Begriffen.

**Anmerk.** 1. *Der empirische Begriff entspringt aus den Sinnen durch Vergleichung der Gegenstände der Erfahrung und erhält durch den Verstand bloß die Form der Allgemeinheit.* — Die Realität dieser Begriffe beruht auf der wirklichen Erfahrung, woraus sie, ihrem Inhalte nach, geschöpft sind. — Ob es aber reine Verstandesbegriffe (conceptus puri) gebe, die, als solche, unabhängig von aller Erfahrung lediglich aus dem Verstande entspringen, muß die Metaphysik untersuchen.

2. Die Vernunftbegriffe oder Ideen können gar nicht auf wirkliche Gegenstände führen, weil diese alle in einer möglichen Erfahrung enthalten seyn müssen. Aber sie dienen doch dazu, durch Vernunft in Ansehung der Erfahrung und des Gebrauchs der Regeln derselben in der größten Vollkommenheit, den Verstand zu leiten oder auch zu zeigen, daß nicht alle mögliche Dinge Gegenstände der Erfahrung seyen, und daß die Principien der Möglichkeit der letztern nicht von Dingen an sich selbst, auch nicht von Objecten der Erfahrung, als Dingen an sich selbst, gelten.

Die Idee enthält das **Urbild** des Gebrauchs des Verstandes, z. B. die Idee vom Weltganzen, welche nothwendig seyn muß, nicht als constitutives Princip zum empirischen Verstandesgebrauche, sondern nur als regulatives Princip zum Behuf des durchgängigen Zusammenhanges unsers

sers empirischen Verstandesgebrauchs. Sie ist also als ein nothwendiger Grundbegriff anzusehen, um die Verstandeshandlungen der Subordination entweder objectiv zu vollenden, oder als unbegrenzt anzusehen. — Auch läßt sich die Idee nicht durch Zusammensetzung erhalten; denn das Ganze ist hier eher, als der Theil. Indessen giebt es doch Ideen, zu denen eine Annäherung statt findet. Dieses ist der Fall mit den mathematischen, oder den Ideen der mathematischen Erzeugung eines Ganzen, die sich wesentlich von den dynamischen unterscheiden, welche allen concreten Begriffen gänzlich heterogen sind, weil das Ganze nicht der Größe (wie bey den mathematischen), sondern der Art nach, von den concreten Begriffen verschieden ist. —

Man kann keiner theoretischen Idee objective Realität verschaffen oder dieselbe beweisen, als nur der Idee von der Freyheit; und zwar, weil diese die Bedingung des moralischen Gesetzes ist, dessen Realität ein Axiom ist. — Die Realität der Idee von Gott kann nur durch diese und also nur in practischer Absicht, d. i. so zu handeln, als ob ein Gott sey; — also nur für diese Absicht bewiesen werden.

In allen Wissenschaften, vornehmlich denen der Vernunft, ist die Idee der Wissenschaft der allgemeine Abriß oder Umriß derselben; also der Umfang

fang aller Kenntniſſe, die zu ihr gehören. — Eine ſolche Idee des Ganzen — das Erſte, worauf man bey einer Wiſſenſchaft zu ſehen und was man zu ſuchen hat, iſt Architektoniſch, wie z. B. die Idee der Rechtswiſſenſchaft. —

Die Idee der Menſchheit, die Idee einer vollkommenen Republik, eines glückſeligen Lebens u. dgl. m. fehlt den meiſten Menſchen. — Viele Menſchen haben keine Idee von dem, was ſie wollen, daher verfahren ſie nach Inſtinkt und Autorität.

### §. 4.

### Gegebene (a priori oder a poſteriori) und gemachte Begriffe.

Alle Begriffe ſind der Materie nach entweder gegebene (conceptus dati) oder gemachte Begriffe (conceptus factitii). — Die erſtern ſind entweder a priori oder a poſteriori gegeben.

Alle empiriſch oder a poſteriori gegebene Begriffe heißen Erfahrungsbegriffe; a priori gegebene Notionen.

---

Anmerk. Die Form eines Begriffs, als einer diſcurſiven Vorſtellung, iſt jederzeit gemacht.

§. 5.

§. 5.

**Logischer Ursprung der Begriffe.**

Der Ursprung der Begriffe der bloßen Form nach, beruht auf Reflexion und auf der Abstraction von dem Unterschiede der Dinge, die durch eine gewisse Vorstellung bezeichnet sind. Und es entsteht also hier die Frage: Welche Handlungen des Verstandes einen Begriff ausmachen oder — welches dasselbe ist — zu Erzeugung eines Begriffes aus gegebenen Vorstellungen gehören?

---

Anmerk. 1. Da die allgemeine Logik von allem Inhalte des Erkenntnisses durch Begriffe, oder von aller Materie des Denkens abstrahirt: so kann sie den Begriff nur in Rücksicht seiner Form, d. h. nur subjectivisch erwägen; nicht wie er durch ein Merkmal ein Object bestimmt, sondern nur, wie er auf mehrere Objecte kann bezogen werden. — Die allgemeine Logik hat also nicht die Quelle der Begriffe zu untersuchen; nicht wie Begriffe als Vorstellungen entspringen, sondern lediglich, wie gegebene Vorstellungen im Denken zu Begriffen werden; diese Begriffe mögen übrigens etwas enthalten, was von der Erfahrung hergenommen ist, oder auch etwas Erdichtetes, oder von der Natur des Verstandes Entlehntes. — Dieser logische Ursprung der Begriffe — der Ur-

Ursprung ihrer bloßen Form nach — besteht in der Reflexion, wodurch eine, mehreren Objecten gemeine, Vorstellung (conceptus communis) entsteht, als diejenige Form, die zur Urtheilskraft erfordert wird. Also wird in der Logik bloß der Unterschied der Reflexion an den Begriffen betrachtet.

2. Der Ursprung der Begriffe in Ansehung ihrer Materie, nach welcher ein Begriff entweder empirisch, oder willkührlich oder intellectuell ist, wird in der Metaphysik erwogen.

## §. 6.

### Logische Actus der Comparation, Reflexion und Abstraction.

Die logischen Verstandes-Actus, wodurch Begriffe ihrer Form nach erzeugt werden, sind:

1) die Comparation, d. i. die Vergleichung der Vorstellungen unter einander im Verhältnisse zur Einheit des Bewußtseyns;
2) die Reflexion, d. i. die Ueberlegung, wie verschiedene Vorstellungen in Einem Bewußtseyn begriffen seyn können; und endlich
3) die Abstraction oder die Absonderung alles Uebrigen, worinn die gegebenen Vorstellungen sich unterscheiden.

**Anmerk. 1.** Um aus Vorstellungen Begriffe zu machen, muß man also **comparirer, reflectiren** und **abstrahiren** können; denn diese drey logische Operationen des Verstandes sind die wesentlichen und allgemeinen Bedingungen zu Erzeugung eines jeden Begriffs überhaupt. — Ich sehe z. B. eine Fichte, eine Weide und eine Linde. Indem ich diese Gegenstände zuvörderst unter einander vergleiche, bemerke ich, daß sie von einander verschieden sind in Ansehung des Stammes, der Aeste, der Blätter u. dgl. m.; nun reflectire ich aber hiernächst nur auf das, was sie unter sich gemein haben, den Stamm, die Aeste, die Blätter selbst und abstrahire von der Größe, der Figur derselben u. s. w.; so bekomme ich einen Begriff vom Baume.

2. Man braucht in der Logik den Ausdruck **Abstraction** nicht immer richtig. Wir müssen nicht sagen: Etwas abstrahiren (abstrahere aliquid), sondern von Etwas abstrahiren (abstrahere ab aliquo). — Wenn ich z. B. beym Scharlach-Tuche nur die rothe Farbe denke: so abstrahire ich vom Tuche; abstrahire ich auch von diesem und denke mir den Scharlach als einen materiellen Stoff überhaupt: so abstrahire ich von noch mehreren Bestimmungen, und mein Begriff ist dadurch noch abstracter geworden. Denn je mehrere Unterschiede der Dinge aus einem Begriffe weggelassen sind oder von je mehreren Bestimmungen in demselben abstrahirt worden: desto ab-

### Erster Abschnitt. Von den Begriffen.

abstracter ist der Begriff. Abstracte Begriffe sollte man daher eigentlich abstrahirende (conceptus abstrahentes) nennen, d. h. solche, in denen mehrere Abstractionen vorkommen. So ist z. B. der Begriff Körper eigentlich kein abstracter Begriff; denn vom Körper selbst kann ich ja nicht abstrahiren, ich würde sonst nicht den Begriff von ihm haben. Aber wohl muß ich von der Größe, der Farbe, der Härte oder Flüssigkeit, kurz: von allen speciellen Bestimmungen besondrer Körper abstrahiren. — Der abstracteste Begriff ist der, welcher mit keinem von ihm verschiedenen etwas gemein hat. Dieses ist der Begriff von Etwas; denn das von ihm Verschiedene ist Nichts, und hat also mit dem Etwas nichts gemein.

3. Die Abstraction ist nur die negative Bedingung, unter welcher allgemeingültige Vorstellungen erzeugt werden können; die positive ist die Comparation und Reflexion. Denn durchs Abstrahiren wird kein Begriff; — die Abstraction vollendet ihn nur und schließt ihn in seine bestimmten Grenzen ein.

### §. 7.

### Inhalt und Umfang der Begriffe.

Ein jeder Begriff, als Theilbegriff, ist in der Vorstellung der Dinge enthalten; als Erkenntnißgrund, d. i. als Merkmal sind diese Dinge unter ihm enthalten. — In der ersten

**Anmerk. 1.** Um aus Vorstellungen Begriffe zu machen, muß man also comparieren, reflectiren und abstrahiren können; denn diese drey logische Operationen des Verstandes sind die wesentlichen und allgemeinen Bedingungen zu Erzeugung eines jeden Begriffs überhaupt. — Ich sehe z. B. eine Fichte, eine Weide und eine Linde. Indem ich diese Gegenstände zuvörderst unter einander vergleiche, bemerke ich, daß sie von einander verschieden sind in Ansehung des Stammes, der Aeste, der Blätter u. dgl. m.; nun reflectire ich aber hiernächst nur auf das, was sie unter sich gemein haben, den Stamm, die Aeste, die Blätter selbst und abstrahire von der Größe, der Figur derselben u. s. w.; so bekomme ich einen Begriff vom Baume.

2. Man braucht in der Logik den Ausdruck Abstraction nicht immer richtig. Wir müssen nicht sagen: Etwas abstrahiren (abstrahere aliquid), sondern von Etwas abstrahiren (abstrahere ab aliquo). — Wenn ich z. B. beym Scharlach-Tuche nur die rothe Farbe denke: so abstrahire ich vom Tuche; abstrahire ich auch von diesem und denke mir den Scharlach als einen materiellen Stoff überhaupt: so abstrahire ich von noch mehreren Bestimmungen, und mein Begriff ist dadurch noch abstracter geworden. Denn je mehrere Unterschiede der Dinge aus einem Begriffe weggelassen sind oder von je mehreren Bestimmungen in demselben abstrahirt worden: desto ab-

abstracter ist der Begriff. Abstracte Begriffe sollte man daher eigentlich abstrahirende (conceptûs abstrahentes) nennen, d. h. solche, in denen mehrere Abstractionen vorkommen. So ist z. B. der Begriff Körper eigentlich kein abstracter Begriff; denn vom Körper selbst kann ich ja nicht abstrahiren, ich würde sonst nicht den Begriff von ihm haben. Aber wohl muß ich von der Größe, der Farbe, der Härte oder Flüssigkeit, kurz: von allen speciellen Bestimmungen besondrer Körper abstrahiren. — Der abstracteste Begriff ist der, welcher mit keinem von ihm verschiedenen etwas gemein hat. Dieses ist der Begriff von Etwas; denn das von ihm Verschiedene ist Nichts, und hat also mit dem Etwas nichts gemein.

3. Die Abstraction ist nur die negative Bedingung, unter welcher allgemeingültige Vorstellungen erzeugt werden können; die positive ist die Comparation und Reflexion. Denn durchs Abstrahiren wird kein Begriff; — die Abstraction vollendet ihn nur und schließt ihn in seine bestimmten Grenzen ein.

§. 7.

Inhalt und Umfang der Begriffe.

Ein jeder Begriff, als Theilbegriff, ist in der Vorstellung der Dinge enthalten; als Erkenntnißgrund, d. i. als Merkmal sind diese Dinge unter ihm enthalten. — In der erstern

Rücksicht hat jeder Begriff einen Inhalt; in der andern, einen Umfang.

Inhalt und Umfang eines Begriffs stehen gegen einander in umgekehrtem Verhältnisse. Je mehr nemlich ein Begriff unter sich enthält, desto weniger enthält er in sich und umgekehrt.

―――――

Anmerk. Die Allgemeinheit oder Allgemeingültigkeit des Begriffs beruht nicht darauf, daß der Begriff ein Theilbegriff, sondern daß er ein Erkenntnißgrund ist.

§. 8.

Größe des Umfanges der Begriffe.

Der Umfang oder die Sphäre eines Begriffes ist um so größer, je mehr Dinge unter ihm stehen und durch ihn gedacht werden können.

―――――

Anmerk. So wie man von einem Grunde überhaupt sagt, daß er die Folge unter sich enthalte: so kann man auch von dem Begriffe sagen, daß er als Erkenntnißgrund alle diejenigen Dinge unter sich enthalte, von denen er abstrahirt worden, z. B. der Begriff Metall, das Gold, Silber, Kupfer u. s. w. — Denn da jeder Begriff, als eine allgemeingültige Vorstellung, dasjenige enthält, was

mehre-

mehreren Vorstellungen von verschiedenen Dingen gemein ist: so können alle diese Dinge, die in so ferne unter ihm enthalten sind, durch ihn vorgestellt werden. Und eben dies macht die **Brauchbarkeit** eines Begriffs aus. Je mehr Dinge nun durch einen Begriff können vorgestellt werden: desto größer ist die Sphäre desselben. So hat z. B. der Begriff Körper einen größern Umfang als der Begriff Metall.

### §. 9.
### Höhere und niedere Begriffe.

Begriffe heißen **höhere** (conceptus superiores), so fern sie andre Begriffe unter sich haben, die im Verhältnisse zu ihnen **niedere** Begriffe genannt werden. — Ein Merkmal vom Merkmal — ein entferntes Merkmal — ist ein höherer Begriff; der Begriff in Beziehung auf ein entferntes Merkmal, ein niederer.

———

**Anmerk.** Da höhere und niedere Begriffe nur beziehungsweise (respective) so heißen: so kann also Ein und derselbe Begriff in verschiedenen Beziehungen, zugleich ein höherer und ein niederer seyn. So ist z. B. der Begriff Mensch, in Beziehung auf den Begriff Pferd ein höherer; in Beziehung auf den Begriff Thier aber ein niederer.

## §. 10.
### Gattung und Art.

Der höhere Begriff heißt in Rücksicht seines niederen, Gattung; (genus) der niedere Begriff in Ansehung seines höhern, Art (species). —

So wie höhere und niedere, so sind also auch Gattungs- und Art-Begriffe nicht ihrer Natur nach, sondern nur in Ansehung ihres Verhältnisses zu einander (termini a quo oder ad quod) in der logischen Subordination unterschieden.

## §. 11.
### Höchste Gattung und niedrigste Art.

Die höchste Gattung ist die, welche keine Art ist (genus summum non est species), so wie die niedrigste Art die, welche keine Gattung ist. (species, quae non est genus, est infima) —

Dem Gesetze der Stetigkeit zufolge kann es indessen weder eine niedrigste, noch eine nächste Art geben.

---

**Anmerk.** Denken wir uns eine Reihe von mehreren einander subordinirten Begriffen, z. B. Eisen, Metall, Körper, Substanz, Ding: — so können wir hier immer höhere Gattungen erhalten; — denn eine jede Species ist immer zugleich als Genus zu betrachten in Ansehung ihres niederen Begriffes, z. B. der

*Begriff*

**Erster Abschnitt. Von den Begriffen.**

Begriff Gelehrter in Ansehung des Begriffs Philosoph — bis wir endlich auf ein Genus kommen, das nicht wieder Species seyn kann. Und zu einem solchen müssen wir zuletzt gelangen können, weil es doch am Ende einen höchsten Begriff (conceptum summum) geben muß, von dem sich, als solchem, nichts weiter abstrahiren läßt, ohne daß der ganze Begriff verschwindet. — Aber einen niedrigsten Begriff (conceptum infimum) oder eine niedrigste Art, worunter kein anderer mehr enthalten wäre, giebt es in der Reihe der Arten und Gattungen nicht, weil ein solcher sich unmöglich bestimmen läßt. Denn haben wir auch einen Begriff, den wir unmittelbar auf Individuen anwenden: so können in Ansehung desselben doch noch specifische Unterschiede vorhanden seyn, die wir entweder nicht bemerken, oder die wir aus der Acht lassen. Nur comparativ für den Gebrauch giebt es niedrigste Begriffe, die gleichsam durch Convention diese Bedeutung erhalten haben, so fern man übereingekommen ist, hierbey nicht tiefer zu gehen.

In Absicht auf die Bestimmung der Art- und Gattungsbegriffe gilt also folgendes allgemeine Gesetz: **Es giebt ein Genus, das nicht mehr Species seyn kann; aber es giebt keine Species, die nicht wieder sollte Genus seyn können.**

## §. 12.

**Weiterer und engerer Begriff. — Wechselbegriffe.**

Der höhere Begriff heißt auch ein weiterer; der niedere, ein engerer Begriff.

Begriffe, die einerley Sphäre haben, werden Wechselbegriffe (conceptus reciproci) genannt.

## §. 13.

**Verhältniß des niederen zum höhern — des weitern zum engeren Begriffe.**

Der niedere Begriff ist nicht in dem höhern enthalten; denn er enthält mehr in sich als der höhere; aber er ist doch unter demselben enthalten, weil der höhere den Erkenntnißgrund des niederen enthält.

Ferner, ist ein Begriff nicht weiter als der andre, darum weil er mehr unter sich enthält — denn das kann man nicht wissen — sondern sofern er den andern Begriff und ausser demselben noch mehr, unter sich enthält.

## §. 14.

**Allgemeine Regeln in Absicht auf die Subordination der Begriffe.**

In Ansehung des logischen Umfanges der Begriffe gelten folgende allgemeine Regeln:

1)

### Erster Abschnitt. Von den Begriffen.

1) Was den höhern Begriffen zukommt oder widerspricht, das kommt auch zu oder widerspricht allen niedrigern Begriffen, die unter jenen höhern enthalten sind; und

2) umgekehrt: Was allen niedrigern Begriffen zukommt oder widerspricht, das kommt auch zu oder widerspricht ihrem höhern Begriffe.

---

**Anmerk.** Weil das, worinn Dinge übereinkommen, aus ihren **allgemeinen** Eigenschaften, und das, worinn sie von einander verschieden sind, aus ihren **besondern** Eigenschaften herfließt; so kann man nicht schließen: Was einem niedrigern Begriffe zukommt oder widerspricht, das kommt auch zu oder widerspricht **andern niedrigeren Begriffen**, die mit jenem zu Einem höhern Begriffe gehören. So kann man z. B. nicht schließen: Was dem Menschen nicht zukommt, das kommt auch den Engeln nicht zu.

### §. 15.

Bedingungen der Entstehung höherer und niederer Begriffe: Logische Abstraction und logische Determination.

Durch fortgesetzte logische Abstraction entstehen immer höhere; so wie dagegen durch fortgesetzte logische Determination immer niedrigere Begriffe. — Die größte mögliche Abstraction giebt den höchsten oder abstractesten Begriff — den, von dem sich keine Bestimmung weiter wegdenken läßt. Die höchste vollendete Determination würde einen **durchgängig bestimmten Begriff** (conceptum omnimode determinatum) d. i. einen solchen geben, zu dem sich keine weitere Bestimmung mehr hinzu denken ließe.

---

Anmerk. Da nur einzelne Dinge oder Individuen durchgängig bestimmt sind: so kann es auch nur durchgängig bestimmte Erkenntnisse als Anschauungen, nicht aber, als Begriffe, geben; in Ansehung der letztern kann die logische Bestimmung nie als vollendet angesehen werden (§. 11. Anm.).

### §. 16.

### Gebrauch der Begriffe in abstracto und in concreto.

Ein jeder Begriff kann **allgemein und besonders** (in abstracto und in concreto) gebraucht werden. — In abstracto wird der niedere Begriff in Ansehung seines höhern; in concreto der höhere Begriff in Ansehung seines niederen gebraucht.

---

Anmerk. 1. Die Ausdrücke des Abstracten und Concreten beziehen sich also nicht so wohl auf die Begriffe an sich selbst — denn jeder Begriff ist ein abstracter Begriff — als vielmehr nur auf ihren Gebrauch. Und dieser Gebrauch kann hinwieder-

### Erster Abschnitt. Von den Begriffen. 155

um verschiedene Grade haben; — je nach dem man einen Begriff bald mehr bald weniger abstract oder concret behandelt, d. h. bald mehr bald weniger Bestimmungen entweder wegläßt oder hinzusetzt. — Durch den abstracten Gebrauch kommt ein Begriff der höchsten Gattung, durch den concreten Gebrauch dagegen dem Individuum, näher.

2. Welcher Gebrauch der Begriffe, der abstracte oder der concrete, hat vor dem andern einen Vorzug? — Hierüber läßt sich nichts entscheiden. Der Werth des einen ist nicht geringer zu schätzen, als der Werth des andern. — Durch sehr abstracte Begriffe erkennen wir an vielen Dingen wenig; durch sehr concrete Begriffe erkennen wir an wenigen Dingen viel; — was wir also auf der einen Seite gewinnen, das verlieren wir wieder auf der andern. — Ein Begriff, der eine große Sphäre hat, ist in so ferne sehr brauchbar, als man ihn auf viele Dinge anwenden kann; aber es ist auch dafür um so weniger in ihm enthalten. In dem Begriffe Substanz denke ich z. B. nicht so viel als in dem Begriffe Kreide.

3. Das Verhältniß zu treffen zwischen der Vorstellung in abstracto und in concreto in derselben Erkenntniß; also der Begriffe und ihrer Darstellung, wodurch das Maximum der Erkenntniß dem Umfange so wohl als dem Inhalte nach, erreicht wird, darinn besteht die Kunst der Popularität.

―――

Zwey-

## Zweyter Abschnitt.
## Von den Urtheilen.

### §. 17.
#### Erklärung eines Urtheils überhaupt.

Ein Urtheil ist die Vorstellung der Einheit des Bewußtseyns verschiedener Vorstellungen, oder die Vorstellung des Verhältnisses derselben, so fern sie einen Begriff ausmachen.

### §. 18.
#### Materie und Form der Urtheile.

Zu jedem Urtheile gehören, als wesentliche Bestandstücke desselben; Materie und Form. — In den gegebenen, zur Einheit des Bewußtseyns im Urtheile verbundenen, Erkenntnissen besteht die Materie; — in der Bestimmung der Art und Weise, wie die verschiedenen Vorstellungen, als solche, zu Einem Bewußtseyn gehören, die Form des Urtheils.

### Zweyter Abschnitt. Von den Urtheilen.

### §. 19.

#### Gegenstand der logischen Reflexion — die bloße Form der Urtheile.

Da die Logik von allem realen oder objectiven Unterschiede des Erkenntnisses abstrahirt: so kann sie sich mit der Materie der Urtheile so wenig als mit dem Inhalte der Begriffe beschäftigen. Sie hat also lediglich den Unterschied der Urtheile in Ansehung ihrer bloßen Form in Erwägung zu ziehen.

### §. 20.

#### Logische Formen der Urtheile: Quantität, Qualität, Relation und Modalität.

Die Unterschiede der Urtheile in Rücksicht auf ihre Form lassen sich auf die Vier Hauptmomente der Quantität, Qualität, Relation und Modalität zurückführen, in Ansehung deren eben so viele verschiedene Arten von Urtheilen bestimmt sind.

### §. 21.

#### Quantität der Urtheile: Allgemeine, Besondre, Einzelne.

Der Quantität nach sind die Urtheile entweder allgemeine, oder besondre, oder einzelne; je nachdem das Subject im Urtheile entweder ganz von der Notion des Prädikats ein- oder ausgeschlossen, oder davon zum Theil nur ein- zum Theil aus-

ausgeschlossen ist. Im allgemeinen Urtheile wird die Sphäre eines Begriffs ganz innerhalb der Sphäre eines andern beschlossen; im partikulären wird ein Theil des erstern unter die Sphäre des andern; und im einzelnen Urtheile endlich wird ein Begriff, der gar keine Sphäre hat, mithin blos als Theil unter die Sphäre eines andern beschlossen.

---

Anmerk. 1. Die einzelnen Urtheile sind der logischen Form nach, im Gebrauche den allgemeinen gleich zu schätzen; denn bey beyden gilt das Prädikat vom Subject ohne Ausnahme. In dem einzelnen Satze z. B. Cajus ist sterblich — kann auch so wenig eine Ausnahme statt finden als in dem allgemeinen: Alle Menschen sind sterblich. Denn es giebt nur Einen Cajus.

2. In Absicht auf die Allgemeinheit eines Erkenntnisses findet ein realer Unterschied statt zwischen generalen und universalen Sätzen, der aber freylich die Logik nichts angeht. Generale Sätze nemlich sind solche, die bloß etwas von dem Allgemeinen gewisser Gegenstände und folglich nicht hinreichende Bedingungen der Subsumtion enthalten, z. B. der Satz: man muß die Beweise gründlich machen; — Universale Sätze sind die, welche von einem Gegenstande etwas allgemein behaupten.

## Zweyter Abschnitt. Von den Urtheilen.

3. Allgemeine Regeln sind entweder analytisch oder synthetisch allgemein. Jene abstrahiren von den Verschiedenheiten; diese attendiren auf die Unterschiede und bestimmen folglich doch auch in Ansehung ihrer. — Je einfacher ein Object gedacht wird, desto eher ist analytische Allgemeinheit zufolge eines Begriffs möglich.

4. Wenn allgemeine Sätze, ohne sie in concreto zu kennen, in ihrer Allgemeinheit nicht können eingesehen werden, so können sie nicht zur Richtschnur dienen und also nicht heuristisch in der Anwendung gelten, sondern sind nur Aufgaben zu Untersuchung der allgemeinen Gründe zu dem, was in besondern Fällen zuerst bekannt worden. Der Satz zum Beyspiel: Wer kein Interesse hat zu lügen und die Wahrheit weiß, der spricht Wahrheit — dieser Satz ist in seiner Allgemeinheit nicht einzusehen, weil wir die Einschränkung auf die Bedingung des Uninteressirten nur durch Erfahrung kennen; nemlich, daß Menschen aus Interesse lügen können, welches daher kommt, daß sie nicht fest an der Moralität hangen. Eine Beobachtung, die uns die Schwäche der menschlichen Natur kennen lehrt.

5. Von den besondern Urtheilen ist zu merken, daß, wenn sie durch die Vernunft sollen können eingesehen werden und also eine rationale, nicht blos intellectuale (abstrahirte) Form haben; so muß das
Sub-

ausgeschlossen ist. Im allgemeinen Urtheile wird die Sphäre eines Begriffs ganz innerhalb der Sphäre eines andern beschlossen; im partikulären wird ein Theil des erstern unter die Sphäre des andern; und im einzelnen Urtheile endlich wird ein Begriff, der gar keine Sphäre hat, mithin blos als Theil unter die Sphäre eines andern beschlossen.

―――

Anmerk. 1. Die einzelnen Urtheile sind der logischen Form nach, im Gebrauche den allgemeinen gleich zu schätzen; denn bey beyden gilt das Prädikat vom Subject ohne Ausnahme. In dem einzelnen Satze z. B. Cajus ist sterblich — kann auch so wenig eine Ausnahme statt finden als in dem allgemeinen: Alle Menschen sind sterblich. Denn es giebt nur Einen Cajus.

2. In Absicht auf die Allgemeinheit eines Erkenntnisses findet ein realer Unterschied statt zwischen generalen und universalen Sätzen, der aber freylich die Logik nichts angeht. Generale Sätze nemlich sind solche, die bloß etwas von dem Allgemeinen gewisser Gegenstände und folglich nicht hinreichende Bedingungen der Subsumtion enthalten, z. B. der Satz: man muß die Beweise gründlich machen; — Universale Sätze sind die, welche von einem Gegenstande etwas allgemein behaupten.

3. All-

3. Allgemeine Regeln sind entweder analytisch oder synthetisch allgemein. Jene abstrahiren von den Verschiedenheiten; diese attendiren auf die Unterschiede und bestimmen folglich doch auch in Ansehung ihrer. — Je einfacher ein Object gedacht wird, desto eher ist analytische Allgemeinheit zufolge eines Begriffs möglich.

4. Wenn allgemeine Sätze, ohne sie in concreto zu kennen, in ihrer Allgemeinheit nicht können eingesehen werden, so können sie nicht zur Richtschnur dienen und also nicht heuristisch in der Anwendung gelten, sondern sind nur Aufgaben zu Untersuchung der allgemeinen Gründe zu dem, was in besondern Fällen zuerst bekannt worden. Der Satz zum Beyspiel: Wer kein Interesse hat zu lügen und die Wahrheit weiß, der spricht Wahrheit — dieser Satz ist in seiner Allgemeinheit nicht einzusehen, weil wir die Einschränkung auf die Bedingung des Uninteressirten nur durch Erfahrung kennen; nemlich, daß Menschen aus Interesse lügen können, welches daher kommt, daß sie nicht fest an der Moralität hangen. Eine Beobachtung, die uns die Schwäche der menschlichen Natur kennen lehrt.

5. Von den besondern Urtheilen ist zu merken, daß, wenn sie durch die Vernunft sollen können eingesehen werden und also eine rationale, nicht blos intellectuale (abstrahirte) Form haben: so muß das
Sub-

160   I. Allgemeine Elementarlehre.

Subject ein weiterer Begriff (c. latior) als das Prädikat seyn. — Es sey das Prädikat jederzeit = O, das Subject □, so ist

ein besonderes Urtheil; denn einiges unter a Gehörige ist b, einiges nicht b — das folgt aus der Vernunft. — Aber es sey

so kann zum wenigsten alles a unter b enthalten seyn, wenn es kleiner ist, aber nicht wenn es größer ist; also ist es nur zufälliger Weise partikular.

### §. 22.
### Qualität der Urtheile: Bejahende, Verneinende, Unendliche.

Der Qualität nach sind die Urtheile entweder bejahende oder verneinende, oder unendliche. — Im bejahenden Urtheile wird das Subject unter der Sphäre eines Prädikats gedacht, im verneinenden wird es ausser der Sphäre des letztern gesetzt und im unendlichen wird es in die Sphäre eines Begriffs, die außerhalb der Sphäre eines andern liegt, gesetzt.

———

Anmerk.

### Zweyter Abschnitt. Von den Urtheilen.

**Anmerk.** 1. Das unendliche Urtheil zeigt nicht bloß an, daß ein Subject unter der Sphäre eines Prädikats nicht enthalten sey, sondern daß es außer der Sphäre desselben in der unendlichen Sphäre irgendwo liege; folglich stellt dieses Urtheil die Sphäre des Prädikats als beschränkt vor. —

Alles Mögliche ist entweder A oder non A. Sage ich also: etwas ist non A, z. B. die menschliche Seele ist nicht-sterblich — Einige Menschen sind Nichtgelehrte u. dgl. m. — so ist dies ein unendliches Urtheil. Denn es wird durch dasselbe über die endliche Sphäre A hinaus nicht bestimmt, unter welchen Begriff das Object gehöre; sondern lediglich, daß es in die Sphäre außer A gehöre, welches eigentlich gar keine Sphäre ist, sondern nur die Angrenzung einer Sphäre an das Unendliche oder die Begrenzung selbst. — Obgleich nun die Ausschließung eine Negation ist: so ist doch die Beschränkung eines Begriffs eine positive Handlung. Daher sind Grenzen positive Begriffe beschränkter Gegenstände.

2. Nach dem Principium der Ausschließung jedes Dritten (exclusi tertii) ist die Sphäre eines Begriffs relativ auf eine andre entweder ausschließend oder einschließend. — Da nun die Logik bloß mit der Form des Urtheils, nicht mit den Begriffen ihrem Inhalte nach, es zu thun hat: so ist die Unterscheidung der

Subject ein weiterer Begriff (c. latior) als das Prädikat seyn. — Es sey das Prädikat jederzeit = O, das Subject ☐, so ist

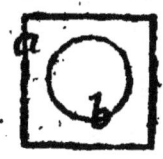

ein besonderes Urtheil; denn einiges unter a Gehörige ist b, einiges nicht b — das folgt aus der Vernunft. — Aber es sey

so kann zum wenigsten alles a unter b enthalten seyn, wenn es kleiner ist, aber nicht wenn es größer ist; also ist es nur zufälliger Weise partikular.

§. 22.

Qualität der Urtheile: Bejahende, Verneinende, Unendliche.

Der Qualität nach sind die Urtheile entweder bejahende oder verneinende oder unendliche. — Im bejahenden Urtheile wird das Subject unter der Sphäre eines Prädikats gedacht, im verneinenden wird es ausser der Sphäre des letztern gesetzt und im unendlichen wird es in die Sphäre eines Begriffs, die außerhalb der Sphäre eines andern liegt, gesetzt.

Anmerk.

**Zweyter Abschnitt. Von den Urtheilen.**

**Anmerk.** 1. Das unendliche Urtheil zeigt nicht bloß an, daß ein Subject unter der Sphäre eines Prädikats nicht enthalten sey, sondern, daß es außer der Sphäre desselben in der unendlichen Sphäre irgendwo liege; folglich stellt dieses Urtheil die Sphäre des Prädikats als beschränkt vor. —

Alles Mögliche ist entweder A oder non A. Sage ich also: etwas ist non A, z. B. die menschliche Seele ist nicht-sterblich — Einige Menschen sind Nichtgelehrte u. dgl. m. — so ist dies ein unendliches Urtheil. Denn es wird durch dasselbe über die endliche Sphäre A hinaus nicht bestimmt, unter welchen Begriff das Object gehöre; sondern lediglich, daß es in die Sphäre außer A gehöre, welches eigentlich gar keine Sphäre ist, sondern nur die Angrenzung einer Sphäre an das Unendliche oder die Begrenzung selbst. — Obgleich nun die Ausschließung eine Negation ist: so ist doch die Beschränkung eines Begriffs eine positive Handlung. Daher sind Grenzen positive Begriffe beschränkter Gegenstände.

2. Nach dem Principium der Ausschließung jedes Dritten (exclusi tertii) ist die Sphäre eines Begriffs relativ auf eine andre entweder ausschließend oder einschließend. — Da nun die Logik bloß mit der Form des Urtheils, nicht mit den Begriffen ihrem Inhalte nach, es zu thun hat: so ist die Unterscheidung der

unendlichen von den negativen Urtheilen nicht zu dieser Wissenschaft gehörig.

3. In verneinenden Urtheilen afficirt die Negation immer die Copula; in unendlichen wird nicht die Copula, sondern das Prädikat durch die Negation afficirt, welches sich im Lateinischen am besten ausdrükken läßt.

§. 23.

Relation der Urtheile: Kategorische, Hypothetische, Disjunctive.

Der Relation nach sind die Urtheile entweder kategorische oder hypothetische oder disjunctive. Die gegebenen Vorstellungen im Urtheile sind nemlich, eine der andern, zur Einheit des Bewußtseyns untergeordnet, entweder: als Prädikat dem Subjecte; oder: als Folge dem Grunde; oder: als Glied der Eintheilung dem eingetheilten Begriffe. — Durch das erste Verhältniß sind die kategorischen, durch das zweyte die hypothetischen, und durch das dritte die disjunctiven Urtheile bestimmt.

§. 24.

Kategorische Urtheile.

In den kategorischen Urtheilen machen Subject und Prädikat die Materie derselben aus; — die Form, durch welche das Verhältniß (der Einstimmung oder des Widerstreits) zwischen Subject und Prädikat bestimmt und ausgedrückt wird, heißt die Copula.

Anmerk. Die kategorischen Urtheile machen zwar die Materie der übrigen Urtheile aus; aber darum muß man doch nicht, wie mehrere Logiker, glauben, daß die hypothetischen so wohl als die disjunctiven Urtheile weiter nichts als verschiedene Einkleidungen der kategorischen seyen und sich daher insgesammt auf die letztern zurückführen ließen. Alle drey Arten von Urtheilen beruhen auf wesentlich verschiedenen logischen Funktionen des Verstandes, und müssen daher nach ihrer specifischen Verschiedenheit erwogen werden.

§. 25.

Hypothetische Urtheile.

Die Materie der hypothetischen Urtheile besteht aus zwey Urtheilen, die mit einander als Grund und Folge verknüpft sind. — Das eine dieser Urtheile, welches den Grund enthält, ist der Vordersatz (antecedens, prius); das andre, das sich zu jenem als Folge verhält, der Nachsatz (consequens, posterius); und die Vorstellung dieser Art von Verknüpfung beyder Urtheile unter einander zur Einheit des Bewußtseyns wird die Consequenz genannt, welche die Form der hypothetischen Urtheile ausmacht.

**Anmerk. 1.** Was für die kategorischen Urtheile die copula, das ist für die hypothetischen also die Consequenz — die Form derselben.

2. Einige glauben: es sey leicht, einen hypothetischen Satz in einen kategorischen zu verwandeln. Allein dieses geht nicht an, weil beyde ihrer Natur nach ganz von einander verschieden sind. In kategorischen Urtheilen ist nichts problematisch, sondern alles assertorisch; in hypothetischen hingegen ist nur die Consequenz assertorisch. In den letztern kann ich daher zwey falsche Urtheile mit einander verknüpfen; denn es kommt hier nur auf die Richtigkeit der Verknüpfung — die Form der Consequenz an; worauf die logische Wahrheit dieser Urtheile beruht. — Es ist ein wesentlicher Unterschied zwischen den beyden Sätzen: Alle Körper sind theilbar, und — Wenn alle Körper zusammengesetzt sind: so sind sie theilbar. In dem erstern Satze behaupte ich die Sache gerade zu; im letztern nur unter einer problematisch ausgedrückten Bedingung.

### §. 26.

**Verknüpfungsarten in den hypothetischen Urtheilen: modus ponens und modus tollens.**

Die Form der Verknüpfung in den hypothetischen Urtheilen ist zwiefach: die setzende (modus ponens) oder die aufhebende (modus tollens).

Zweyter Abschnitt. Von den Urtheilen.

1) Wenn der Grund (antecedens) wahr ist: so ist auch die durch ihn bestimmte Folge (consequens) wahr — heißt der modus ponens;

2) Wenn die Folge (consequens) falsch ist: so ist auch der Grund (antecedens) falsch; — modus tollens.

## §. 27.
### Disjunctive Urtheile.

Ein Urtheil ist disjunctiv, wenn die Theile der Sphäre eines gegebenen Begriffs einander in dem Ganzen oder zu einem Ganzen als Ergänzungen (complementa) bestimmen.

## §. 28.
### Materie und Form disjunctiver Urtheile.

Die mehreren gegebenen Urtheile, woraus das disjunctive Urtheil zusammengesetzt ist, machen die Materie desselben aus, und werden die Glieder der Disjunction oder Entgegensetzung genannt. In der Disjunction selbst, d. h. in der Bestimmung des Verhältnisses der verschiedenen Urtheile, als sich wechselseitig einander ausschließender und einander ergänzender Glieder der ganzen Sphäre des eingetheilten Erkenntnisses, besteht die Form dieser Urtheile.

**Anmerk. 1.** Was für die kategorischen Urtheile die copula, das ist für die hypothetischen also die Consequenz — die Form derselben.

2. Einige glauben: es sey leicht, einen hypothetischen Satz in einen kategorischen zu verwandeln. Allein dieses geht nicht an, weil beyde ihrer Natur nach ganz von einander verschieden sind. In kategorischen Urtheilen ist nichts problematisch, sondern alles assertorisch; in hypothetischen hingegen ist nur die Consequenz assertorisch. In den letztern kann ich daher zwey falsche Urtheile mit einander verknüpfen; denn es kommt hier nur auf die Richtigkeit der Verknüpfung — die Form der Consequenz an; worauf die logische Wahrheit dieser Urtheile beruht. — Es ist ein wesentlicher Unterschied zwischen den beyden Sätzen: Alle Körper sind theilbar, und — Wenn alle Körper zusammengesetzt sind: so sind sie theilbar. In dem erstern Satze behaupte ich die Sache gerade zu; im letztern nur unter einer problematisch ausgedrückten Bedingung.

## §. 26.

**Verknüpfungsarten in den hypothetischen Urtheilen: modus ponens und modus tollens.**

Die Form der Verknüpfung in den hypothetischen Urtheilen ist zwiefach: die setzende (modus ponens) oder die aufhebende (modus tollens).

1)

*Zweyter Abschnitt. Von den Urtheilen.*

1) Wenn der Grund (antecedens) wahr ist: so ist auch die durch ihn bestimmte Folge (consequens) wahr — heißt der modus ponens;

2) Wenn die Folge (consequens) falsch ist: so ist auch der Grund (antecedens) falsch; — modus tollens.

### §. 27.
#### Disjunctive Urtheile.

Ein Urtheil ist disjunctiv, wenn die Theile der Sphäre eines gegebenen Begriffs einander in dem Ganzen oder zu einem Ganzen als Ergänzungen (complementa) bestimmen.

### §. 28.
#### Materie und Form disjunctiver Urtheile.

Die mehreren gegebenen Urtheile, woraus das disjunctive Urtheil zusammengesetzt ist, machen die Materie desselben aus, und werden die Glieder der Disjunction oder Entgegensetzung genannt. In der Disjunction selbst, d. h. in der Bestimmung des Verhältnisses der verschiedenen Urtheile, als sich wechselseitig einander ausschließender und einander ergänzender Glieder der ganzen Sphäre des eingetheilten Erkenntnisses, besteht die Form dieser Urtheile.

**Anmerk.** Alle disjunctive Urtheile stellen also verschiedene Urtheile als in der Gemeinschaft einer Sphäre vor und bringen jedes Urtheil nur durch die Einschränkung des andern in Ansehung der ganzen Sphäre hervor; sie bestimmen also jedes Urtheils Verhältniß zur ganzen Sphäre, und dadurch zugleich das Verhältniß, das diese verschiedenen Trennungsglieder (membra disjuncta) unter einander selbst haben. — Ein Glied bestimmt also hier jedes andre nur, so fern sie insgesammt als Theile einer ganzen Sphäre von Erkenntniß, außer der sich in gewisser Beziehung nichts denken läßt, in Gemeinschaft stehen.

### §. 29.
### Eigenthümlicher Character der disjunctiven Urtheile.

Der eigenthümliche Character aller disjunctiven Urtheile, wodurch ihr specifischer Unterschied dem Momente der Relation nach, von den übrigen, insbesondre von den kategorischen Urtheilen bestimmt ist, besteht darinn: daß die Glieder der Disjunction insgesammt problematische Urtheile sind, von denen nichts anders gedacht wird, als daß sie, wie Theile der Sphäre einer Erkenntniß, jedes des andern Ergänzung zum Ganzen (complementum ad totum) zusammen genommen, der Sphäre des ersten gleich seyen. Und hieraus folgt: daß in Einem dieser probleblematischen Urtheile die Wahrheit enthalten seyn oder — welches dasselbe ist — daß Eines von ihnen assertorisch gelten müsse, weil außer ihnen die Sphäre der Erkenntniß unter den gegebenen Bedingungen nichts mehr befaßt und eine der andern entgegengesetzt ist; folglich weder außer ihnen etwas anders, noch auch unter ihnen mehr als Eines wahr seyn kann.

---

Anmerk. In einem kategorischen Urtheile wird das Ding, dessen Vorstellung als ein Theil von der Sphäre einer andern subordinirten Vorstellung betrachtet wird, als enthalten unter dieses seinem obern Begriffe betrachtet; also wird hier in der Subordination der Sphären der Theil vom Theile mit dem Ganzen verglichen. — Aber in disjunctiven Urtheilen gehe ich vom Ganzen auf Alle Theile zusammengenommen. — Was unter der Sphäre eines Begriffs enthalten ist, das ist auch unter einem der Theile dieser Sphäre enthalten. Darnach muß erstlich die Sphäre eingetheilt werden. Wenn ich z. B. das disjunctive Urtheil fälle: Ein Gelehrter ist entweder ein historischer oder ein Vernunftgelehrter; so bestimme ich damit, daß diese Begriffe der Sphäre nach, Theile der Sphäre der Gelehrten sind, aber keinesweges Theile von einander, und daß sie alle zusammengenommen complet sind. —

## 168 I. Allgemeine Elementarlehre.

Daß in den disjunctiven Urtheilen nicht die Sphäre des eingetheilten Begriffs, als enthalten in der Sphäre der Eintheilungen; sondern das, was unter dem eingetheilten Begriffe enthalten ist, als enthalten unter einem der Glieder der Eintheilung, betrachtet werde, mag folgendes Schema der Vergleichung zwischen kategorischen und disjunctiven Urtheilen anschaulicher machen.

In kategorischen Urtheilen ist x was unter b enthalten ist, auch unter a;

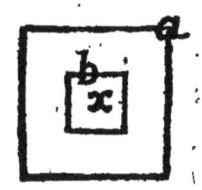

In disjunctiven ist x, was unter a enthalten ist, entweder unter b oder c u. s. w. enthalten;

Also zeigt die Division in disjunctiven Urtheilen die Coordination nicht der Theile des ganzen Begriffs, sondern Alle Theile seiner Sphären an. Hier denke ich viel Dinge durch einen Begriff; dort ein Ding durch viel Begriffe, z. B. das Definitum durch alle Merkmale der Coordination.

§. 30.

### §. 30.
### Modalität der Urtheile: Problematische, Assertorische, Apodiktische.

Der Modalität nach, durch welches Moment das Verhältniß des ganzen Urtheils zum Erkenntnißvermögen bestimmt ist, sind die Urtheile entweder problematische, oder assertorische, oder apodiktische. Die problematischen sind mit dem Bewußtseyn der bloßen Möglichkeit, die assertorischen mit dem Bewußtseyn der Wirklichkeit, die apodiktischen endlich mit dem Bewußtseyn der Nothwendigkeit des Urtheilens begleitet.

---

Anmerk. 1. Dieses Moment der Modalität zeigt also nur die Art und Weise an, wie im Urtheile etwas behauptet oder verneinet wird: ob man über die Wahrheit oder Unwahrheit eines Urtheils nichts ausmacht, wie in dem problematischen Urtheile: die Seele des Menschen mag unsterblich seyn — oder ob man darüber etwas bestimmt; — wie in dem assertorischen Urtheile: die menschliche Seele ist unsterblich; — oder endlich, ob man die Wahrheit eines Urtheils sogar mit der Dignität der Nothwendigkeit ausdrückt; — wie in dem apodiktischen Urtheile: die Seele des Menschen muß unsterblich seyn. — — Diese Bestimmung der bloß möglichen oder wirklichen oder nothwendigen Wahrheit betrifft also nur das Urtheil selbst, keineswegs die Sache, worüber geurtheilt wird.

2. In problematischen Urtheilen, die man auch für solche erklären kann, deren Materie gegeben ist mit dem möglichen Verhältniß zwischen Prädikat und Subject, muß das Subject jederzeit eine kleinere Sphäre haben, als das Prädikat.

3. Auf dem Unterschiede zwischen problematischem und affertorischem Urtheilen beruht der wahre Unterschied zwischen Urtheilen und Sätzen, den man sonst fälschlich in den bloßen Ausdruck durch Worte, ohne die man ja überall nicht urtheilen könnte, zu setzen pflegt. Im Urtheile wird das Verhältniß verschiedener Vorstellungen zur Einheit des Bewußtseyns bloß als problematisch gedacht; in einem Satze hingegen als affertorisch. Ein problematischer Satz ist eine contradictio in adjecto. — Ehe ich einen Satz habe, muß ich doch erst urtheilen; und ich urtheile über vieles, was ich nicht ausmache, welches ich aber thun muß, so bald ich ein Urtheil als Satz bestimme. — Es ist übrigens gut, erst problematisch zu urtheilen, ehe man das Urtheil als affertorisch annimmt, um es auf diese Art zu prüfen. Auch ist es nicht allemal zu unsrer Absicht nöthig, affertorische Urtheile zu haben.

§. 31.

## §. 31.
### Exponible Urtheile.

Urtheile, in denen eine Bejahung und Verneinung zugleich, aber versteckter Weise, enthalten ist; so daß die Bejahung zwar deutlich, die Verneinung aber versteckt geschieht, sind exponible Sätze.

Anmerk. In dem exponiblen Urtheile, z. B. Wenige Menschen sind gelehrt — liegt 1) aber auf eine versteckte Weise, das negative Urtheil: Viele Menschen sind nicht gelehrt; und 2) das affirmative: Einige Menschen sind gelehrt. — Da die Natur der exponiblen Sätze lediglich von Bedingungen der Sprache abhängt, nach welchen man zwey Urtheile auf Einmal in der Kürze ausdrücken kann: so gehört die Bemerkung, daß es in unsrer Sprache Urtheile geben könne, die exponirt werden müssen, nicht in die Logik, sondern in die Grammatik.

## §. 32.
### Theoretische und practische Sätze.

Theoretische Sätze heißen die, welche sich auf den Gegenstand beziehen und bestimmen: was demselben zukomme oder nicht zukomme; — practische Sätze hingegen sind die, welche die Handlung aussagen, wodurch, als nothwendige Bedingung desselben, ein Object möglich wird.

Anmerk.

**Anmerk.** Die Logik hat nur von practischen Sätzen der Form nach, die in so fern den theoretischen entgegengesetzt sind, zu handeln. Practische Sätze dem Inhalte nach, und in so fern von den spekulativen unterschieden, gehören in die Moral.

### §. 33.
### Indemonstrable und demonstrable Sätze.

Demonstrable Sätze sind die, welche eines Beweises fähig sind; die keines Beweises fähig sind, werden indemonstrable genannt.

Unmittelbar gewisse Urtheile sind indemonstrabel, und also als Elementar-Sätze anzusehen.

### §. 34.
### Grundsätze.

Unmittelbar gewisse Urtheile a priori können Grundsätze heißen, so fern andre Urtheile aus ihnen erwiesen, sie selbst aber keinem andern subordinirt werden können. Sie werden um deswillen auch **Principien** (Anfänge) genannt.

### §. 35.
### Intuitive und discursive Grundsätze: Axiome und Acroame.

Grundsätze sind entweder **intuitive** oder **discursive**. — Die erstern können in der Anschauung

Zweyter Abschnitt. Von den Urtheilen. 173

schauung dargestellt werden und heißen Axiome (axiomata); die letztern lassen sich nur durch Begriffe ausdrücken und können Acroame (acroamata) genannt werden.

§. 36.

Analytische und synthetische Sätze.

Analytische Sätze heißen solche, deren Gewißheit auf Identität der Begriffe (des Prädikats mit der Notion des Subjects) beruht. — Sätze, deren Wahrheit sich nicht auf Identität der Begriffe gründet, müssen synthetische genannt werden.

---

Anmerk. 1. Alles x, welchem der Begriff des Körpers (a + b) zukommt, dem kommt auch die Ausdehnung (b) zu; — ist ein Exempel eines analytischen Satzes. —

Alles x, welchem der Begriff des Körpers (a + b) zukommt, dem kommt auch die Anziehung (c) zu; — ist ein Exempel eines synthetischen Satzes. — Die synthetischen Sätze vermehren das Erkenntniß materialiter; die analytischen bloß formaliter. Jene enthalten Bestimmungen (determinationes), diese nur logische Prädikate.

2. Analytische Principien sind nicht Axiomen; denn sie sind discursiv. Und synthetische Principien sind auch nur dann Axiomen, wenn sie intuitiv sind.

§. 37.

## §. 37.
### Tautologische Sätze.

Die Identität der Begriffe in analytischen Urtheilen kann entweder eine ausdrückliche (explicita) oder eine nicht-ausdrückliche (implicita) seyn. — Im erstern Falle sind die analytischen Sätze tautologisch.

---

Anmerk. 1. Tautologische Sätze sind virtualiter leer oder Folgeleer; denn sie sind ohne Nutzen und Gebrauch. Dergleichen ist z. B. der tautologische Satz: der Mensch ist Mensch. Denn wenn ich vom Menschen nichts weiter zu sagen weiß, als daß er ein Mensch ist: so weiß ich gar weiter nichts von ihm.

Implicite identische Sätze sind dagegen nicht Folge- oder Fruchtleer; denn sie machen das Prädikat, welches im Begriffe des Subjects unentwickelt (implicite) lag, durch Entwickelung (explicatio) klar.

2. Folgeleere Sätze müssen von Sinnleeren unterschieden werden, die darum leer an Verstand sind, weil sie die Bestimmung sogenannter verborgener Eigenschaften (qualitates occultae) betreffen.

## §. 38.
### Postulat und Problem.

Ein Postulat ist ein practischer unmittelbar gewisser Satz oder ein Grundsatz, der eine mögliche

Handlung bestimmt, bey welcher vorausgesetzt wird, daß die Art, sie auszuführen, unmittelbar gewiß sey.

**Probleme** (problemata) sind demonstrable, einer Anweisung bedürftige Sätze, oder solche, die eine Handlung aussagen, deren Art der Ausführung nicht unmittelbar gewiß ist.

———

Anmerk. 1. Es kann auch **theoretische Postulate** geben zum Behuf der practischen Vernunft. Dieses sind theoretische in practischer Vernunftabsicht nothwendige Hypothesen, wie die des Daseyns Gottes, der Freyheit und einer andern Welt.

2. Zum Problem gehört 1) die **Quästion**, die das enthält, was geleistet werden soll, 2) die **Resolution**, die die Art und Weise enthält, wie das zu Leistende könne ausgeführt werden, und 3) die **Demonstration**, daß, wenn ich so werde verfahren haben, das Geforderte geschehen werde.

## §. 39.
### Theoreme, Corollarien, Lehnsätze und Scholien.

**Theoreme** sind theoretische, eines Beweises fähige und bedürftige Sätze. — **Corollarien** sind unmittelbare Folgen aus einem der vorhergehenden Sätze. **Lehnsätze** (lemmata) heißen Sätze,
die

die in der Wissenschaft, worinn sie als erwiesen vorausgesetzt werden, nicht einheimisch, sondern aus andern Wissenschaften entlehnt sind. — Scholien endlich sind bloße Erläuterungssätze, die also nicht als Glieder zum Ganzen des Systems gehören.

---

Anmerk. Wesentliche und allgemeine Momente eines jeden Theorems sind die Thesis und die Demonstration. — Den Unterschied zwischen Theoremen und Corollarien kann man übrigens auch darinn setzen, daß diese unmittelbar geschlossen, jene dagegen durch eine Reihe von Folgen aus unmittelbar gewissen Sätzen gezogen werden.

§. 40.

Wahrnehmungs- und Erfahrungsurtheile.

Ein Wahrnehmungsurtheil ist bloß subjectiv; — ein objectives Urtheil aus Wahrnehmungen ist ein Erfahrungsurtheil.

---

Anmerk. Ein Urtheil aus bloßen Wahrnehmungen ist nicht wohl möglich, als nur dadurch, daß ich meine Vorstellung, als Wahrnehmung, aussage: Ich, der ich einen Thurm wahrnehme, nehme an ihm die rothe Farbe wahr. Ich kann aber nicht sagen: er ist roth. Denn dieses wäre nicht bloß ein empi-

empirisches, sondern auch ein Erfahrungsurtheil, d. i. ein empirisches Urtheil, dadurch ich einen Begriff vom Object bekomme. Z. B. Bey der Berührung des Steins empfinde ich Wärme; — ist ein Wahrnehmungsurtheil, hingegen: der Stein ist warm — ein Erfahrungsurtheil. — Es gehört zum letztern, daß ich das, was blos in meinem Subject ist, nicht zum Object rechne; denn ein Erfahrungsurtheil ist die Wahrnehmung, woraus ein Begriff vom Object entspringt; z. B. ob im Monde lichte Punkte sich bewegen, oder in der Luft oder in meinem Auge.

## Dritter Abschnitt.
## Von den Schlüssen.

### §. 41.
#### Schluß überhaupt.

Unter Schließen ist diejenige Function des Denkens zu verstehen, wodurch ein Urtheil aus einem andern hergeleitet wird. — Ein Schluß überhaupt ist also die Ableitung eines Urtheils aus dem andern.

### §. 42.
#### Unmittelbare und mittelbare Schlüsse.

Alle Schlüsse sind entweder unmittelbare oder mittelbare. —

Ein unmittelbarer Schluß (consequentia immediata) ist die Ableitung (deductio) eines Urtheils aus dem andern ohne ein vermittelndes Urtheil (judicium intermedium). Mittelbar ist ein Schluß, wenn man außer dem Begriffe, den ein Urtheil in sich enthält, noch andre braucht, um ein Erkenntniß daraus herzuleiten.

## §. 43.

### Verstandesschlüsse, Vernunftschlüsse und Schlüsse der Urtheilskraft.

Die unmittelbaren Schlüsse heißen auch Verstandesschlüsse; alle mittelbare Schlüsse hingegen sind entweder Vernunftschlüsse oder Schlüsse der Urtheilskraft. — Wir handeln hier zuerst von den unmittelbaren oder den Verstandesschlüssen.

---

## I. Verstandesschlüsse.

### §. 44.

### Eigenthümliche Natur der Verstandesschlüsse.

Der wesentliche Character aller unmittelbaren Schlüsse, und das Princip ihrer Möglichkeit besteht lediglich in einer Veränderung der bloßen Form der Urtheile; während die Materie der Urtheile, das Subject und Prädikat, unverändert dieselbe bleibt.

---

Anmerk. 1. Dadurch, daß in den unmittelbaren Schlüssen nur die Form und keinesweges die Materie der Urtheile verändert wird, unterscheiden sich diese Schlüsse wesentlich von allen mittelbaren, in welchen die Urtheile auch der Materie nach unterschieden sind, indem hier ein neuer Begriff als vermittelndes Urtheil, oder als Mittelbegriff (terminus medius) hinzukommen muß, um das eine Urtheil aus dem andern zu folgern. Wenn ich z. B. schließe: Alle Menschen sind sterblich; also ist auch Cajus sterblich: so ist dies kein unmittelbarer Schluß. Denn hier brauche ich zu der Folgerung noch das vermittelnde Urtheil: Cajus ist ein Mensch; durch diesen neuen Begriff wird aber die Materie der Urtheile verändert.

2. Es läßt sich zwar auch bey den Verstandesschlüssen ein judicium intermedium machen; aber alsdann ist dieses vermittelnde Urtheil blos *tautologisch*. Wie z. B. in dem unmittelbaren Schlusse: Alle Menschen sind sterblich. Einige Menschen sind Menschen. Also sind einige Menschen sterblich — der Mittelbegriff ein tautologischer Satz ist.

§. 45.

Modi der Verstandesschlüsse.

Die Verstandesschlüsse gehen durch alle Klassen der logischen Functionen des Urtheilens, und sind folglich in ihren Hauptarten bestimmt durch die Momente der Quantität, der Qualität, der Relation und der Modalität. — Hierauf beruht die folgende Eintheilung dieser Schlüsse.

### §. 46.

1. **Verstandesschlüsse** (in Beziehung auf die Quantität der Urtheile) per judicia subalternata.

In den Verstandesschlüssen per judicia subalternata sind die beyden Urtheile der Quantität nach unterschieden, und es wird hier das besondre Urtheil aus dem allgemeinen abgeleitet, dem Grundsatze zufolge: Vom Allgemeinen gilt der Schluß auf das Besondere (ab Universali ad Particulare valet consequentia).

---

**Anmerk.** Ein judicium heißt subalternatum, so fern es unter dem andern enthalten ist; wie z. B. besondre Urtheile unter allgemeinen.

### §. 47.

2. **Verstandesschlüsse** (in Beziehung auf die Qualität der Urtheile) per judicia opposita.

Bey den Verstandesschlüssen dieser Art betrifft die Veränderung die Qualität der Urtheile und zwar in Beziehung auf die Entgegensetzung betrachtet. — Da nun diese Entgegensetzung eine dreyfache seyn kann: so ergiebt sich hieraus folgende besondre Eintheilung des unmittelbaren Schließens: durch contradictorisch entgegengesetzte; — durch conträre; und — durch subconträre Urtheile.

**Anmerk.** Verstandesschlüsse durch **gleichgeltende Urtheile** (judicia aequipollentia) können eigentlich keine Schlüsse genannt werden; — denn hier findet keine Folge statt, sie sind vielmehr als eine bloße Substitution der Wörte anzusehen, die einen und denselben Begriff bezeichnen, wobey die Urtheile selbst auch der Form nach unverändert bleiben: Z. B. Nicht alle Menschen sind tugendhaft, und — Einige Menschen sind nicht tugendhaft. — Beyde Urtheile sagen eins und dasselbe.

### §. 48.

**1. Verstandesschlüsse** per judicia contradictorie opposita.

In Verstandesschlüssen durch Urtheile, die einander contradictorisch entgegengesetzt sind, und, als solche, die ächte, reine Opposition ausmachen, wird die Wahrheit des einen der contradictorisch entgegengesetzten Urtheile aus der Falschheit des andern gefolgert und umgekehrt. — Denn die ächte Opposition, die hier statt findet, enthält nicht mehr noch weniger als was zur Entgegensetzung gehört. Dem Princip des ausschließenden Dritten zufolge können daher nicht beyde widersprechende Urtheile wahr; aber auch eben so wenig können sie beyde falsch seyn. Wenn daher das Eine wahr ist: so ist das Andre falsch und umgekehrt.

§. 49.

### §. 49.
#### b. Verstandesschlüsse per judicia contrarie opposita.

Konträre oder widerstreitende Urtheile (judicia contrarie opposita) sind Urtheile, von denen das eine allgemein bejahend, das andre allgemein verneinend ist. Da nun eines derselben mehr aussagt, als das andre und in dem Ueberflüssigen, das es außer der bloßen Verneinung des andern noch mehr aussagt, die Falschheit liegen kann: so können sie zwar nicht beyde wahr, aber sie können beyde falsch seyn. — In Ansehung dieser Urtheile gilt daher nur der Schluß von der Wahrheit des einen auf die Falschheit des andern, aber nicht umgekehrt.

### §. 50.
#### c. Verstandesschlüsse per judicia subcontrarie opposita.

Subconträre Urtheile sind solche, von denen das eine besonders (particulariter) bejahet oder verneinet, was das andre besonders verneinet oder bejahet. —

Da sie beyde wahr, aber nicht beyde falsch seyn können: so gilt in Ansehung ihrer nur der folgende Schluß: Wenn der eine dieser Sätze falsch ist: so ist der andre wahr; aber nicht umgekehrt.

**Anmerk.** Verstandesschlüsse durch **gleichgeltende Urtheile** (judicia aequipollentia) können eigentlich keine Schlüsse genannt werden; — denn hier findet keine Folge statt, sie sind vielmehr als eine bloße Substitution der Wörte anzusehen, die eben und denselben Begriff bezeichnen, wobey die Urtheile selbst auch der Form nach unverändert bleiben. Z.B. Nicht alle Menschen sind tugendhaft, und — Einige Menschen sind nicht tugendhaft. — Beyde Urtheile sagen eins und daßelbe.

### §. 48.

**1. Verstandesschlüsse** per judicia contradictorie opposita.

In Verstandesschlüssen durch Urtheile, die einander contradictorisch entgegengesetzt sind, und, als solche, die ächte, reine Opposition ausmachen, wird die Wahrheit des einen der contradictorisch entgegengesetzten Urtheile aus der Falschheit des andern gefolgert und umgekehrt. — Denn die ächte Opposition, die hier statt findet, enthält nicht mehr noch weniger als was zur Entgegensetzung gehört. Dem Princip des ausschließenden Dritten zufolge können daher nicht beyde widersprechende Urtheile wahr; aber auch eben so wenig können sie beyde falsch seyn. Wenn daher das Eine wahr ist: so ist das Andre falsch und umgekehrt.

### §. 49.
**b. Verstandesschlüsse** per judicia contrarie opposita.

Konträre oder widerstreitende Urtheile (judicia contrarie opposita) sind Urtheile, von denen das eine allgemein bejahend, das andre allgemein verneinend ist. Da nun eines derselben mehr aussagt, als das andre und in dem Ueberflüssigen, das es außer der bloßen Verneinung des andern noch mehr aussagt, die Falschheit liegen kann: so können sie zwar nicht beyde wahr, aber sie können beyde falsch seyn. — In Ansehung dieser Urtheile gilt daher nur der Schluß von der Wahrheit des einen auf die Falschheit des andern, aber nicht umgekehrt.

### §. 50.
**c. Verstandesschlüsse** per judicia subcontrarie opposita.

Subconträre Urtheile sind solche, von denen das eine besonders (particulariter) bejahet oder verneinet, was das andre besonders verneinet oder bejahet. —

Da sie beyde wahr, aber nicht beyde falsch seyn können: so gilt in Ansehung ihrer nur der folgende Schluß: Wenn der eine dieser Sätze falsch ist: so ist der andre wahr; aber nicht umgekehrt.

**Anmerk.** Bey den subconträren Urtheilen findet keine reine, strenge Opposition statt; denn es wird in dem einen nicht von denselben Objecten verneinet oder bejahet, was in dem andern bejahet oder verneinet wurde. In dem Schlusse z. B. Einige Menschen sind gelehrt; Also sind einige Menschen nicht gelehrt; wird in dem ersten Urtheile nicht von denselben Menschen das behauptet, was im andern verneinet wird.

### §. 51.

**3. Verstandesschlüsse (in Rücksicht auf die Relation der Urtheile)** per judicia conversa s. per conversionem.

Die unmittelbaren Schlüsse durch Umkehrung betreffen die Relation der Urtheile und bestehen in der Versetzung der Subjecte und Prädikate in den beyden Urtheilen; so daß das Subject des einen Urtheils zum Prädikat des andern Urtheils gemacht wird, und umgekehrt. —

### §. 52.

**Reine und veränderte Umkehrung.**

Bey der Umkehrung wird die Quantität der Urtheile entweder verändert oder sie bleibt unverändert. — Im erstern Falle ist das Umgekehrte (conversum) von dem Umkehrenden (convertente) der Quantität nach unterschieden und die Umkehrung heißt eine veränderte;

änderte; (conversio per accidens) — im letztern Falle wird die Umkehrung eine reine (conversio simpliciter talis) genannt.

### §. 93.
#### Allgemeine Regeln der Umkehrung.

In Absicht auf die Verstandesschlüsse durch die Umkehrung gelten folgende Regeln:

1) Allgemein bejahende Urtheile lassen sich nur per accidens umkehren; — denn das Prädikat in diesen Urtheilen ist ein weiterer Begriff und es ist also nur Einiges von demselben in dem Begriffe des Subjects enthalten.

2) Aber alle allgemein verneinende Urtheile lassen sich simpliciter umkehren — denn hier wird das Subject aus der Sphäre des Prädikats herausgehoben. Eben so lassen sich endlich

3) Alle partikulär bejahende Sätze simpliciter umkehren; — denn in diesen Urtheilen ist ein Theil der Sphäre des Subjects dem Prädikate subsumirt worden, also läßt sich auch ein Theil von der Sphäre des Prädikats dem Subjecte subsumiren.

---

Anmerk. 1. In allgemein bejahenden Urtheilen wird das Subject als ein contentum des Prädikats betrachtet, da es unter der Sphäre desselben enthalten ist. Ich darf daher z. B. nur schließen: Alle Menschen sind sterblich; also sind Einige von denen, die unter dem Begriff Sterbliche enthalten sind, Menschen. — Daß aber allgemein verneinende Urtheile sich simpliciter umkehren lassen, davon ist die Ursache diese: daß zwey einander allgemein widersprechende Begriffe sich in gleichem Umfange widersprechen.

2. Manche allgemein bejahende Urtheile lassen sich zwar auch simpliciter umkehren. Aber der Grund hievon liegt nicht in ihrer Form, sondern in der besondern Beschaffenheit ihrer Materie; wie z. B. die beyden Urtheile: Alles Unveränderliche ist nothwendig, und alles Nothwendige ist unveränderlich.

§. 54.

4. **Verstandesschlüsse (in Beziehung auf die Modalität der Urtheile)** per judicia contraposita.

Die unmittelbare Schlußart durch die Kontraposition besteht in derjenigen Versetzung (metathesis) der Urtheile, bey welcher bloß die Quantität dieselbe bleibt, die Qualität dagegen verändert wird. — Sie betreffen nur die Modalität der Urtheile, indem sie ein assertorisches in ein apodiktisches Urtheil verwandeln.

§. 55.

### §. 55.

#### Allgemeine Regel der Kontraposition.

In Absicht auf die Kontraposition gilt die allgemeine Regel:

**Alle allgemein bejahende Urtheile lassen sich simpliciter kontraponiren.** Denn wenn das Prädikat als dasjenige, was das Subject unter sich enthält, mithin die ganze Sphäre verneinet wird: so muß auch ein Theil derselben verneinet werden, d. i. das Subject.

---

*Anmerk.* 1. Die Metathesis der Urtheile durch die Conversion und die durch die Kontraposition sind also in so ferne einander entgegen gesetzt, als jene blos die Quantität, diese blos die Qualität verändert.

2. Die gedachten unmittelbaren Schlußarten beziehen sich blos auf kategorische Urtheile.

---

## II. Vernunftschlüsse.

### §. 56.

#### Vernunftschluß überhaupt.

Ein Vernunftschluß ist das Erkenntniß der Nothwendigkeit eines Satzes durch die Subsumtion seiner Bedingung unter eine gegebene allgemeine Regel.

### §. 57.
#### Allgemeines Princip aller Vernunftschlüsse.

Das allgemeine Princip, worauf die Gültigkeit alles Schließens durch die Vernunft beruht, läßt sich in folgender Formel bestimmt ausdrücken:

Was unter der Bedingung einer Regel steht, das steht auch unter der Regel selbst.

---

Anmerk. Der Vernunftschluß prämittirt eine allgemeine Regel und eine Subsumtion unter die Bedingung derselben. — Man erkennt dadurch die Conklusion a priori nicht im Einzelnen, sondern als enthalten im Allgemeinen und als nothwendig unter einer gewissen Bedingung. Und dieß, daß alles unter dem Allgemeinen stehe und in allgemeinen Regeln bestimmbar sey, ist eben das Princip der Rationalität oder der Nothwendigkeit (principium rationalitatis s. necessitatis).

### §. 58.
#### Wesentliche Bestandstücke des Vernunftschlusses.

Zu einem jeden Vernunftschlusse gehören folgende wesentliche drey Stücke:

1) eine allgemeine Regel, welche der Obersatz (propositio major) genannt wird;

2)

### Dritter Abschnitt. Von den Schlüssen.

2) der Satz, der ein Erkenntniß unter die Bedingung der allgemeinen Regel subsumirt und der Untersatz (propositio minor) heißt; und endlich

3) der Satz, welcher das Prädikat der Regel von der subsumirten Erkenntniß bejahet oder verneinet — der Schlußsatz (conclusio).

Die beyden erstern Sätze werden in ihrer Verbindung mit einander die Vordersätze oder Prämissen genannt.

---

Anmerk. Eine Regel ist eine Assertion unter einer allgemeinen Bedingung. Das Verhältniß der Bedingung zur Assertion, wie nemlich diese unter jener steht, ist der Exponent der Regel.

Die Erkenntniß, daß die Bedingung (irgendwo) statt finde, ist die Subsumtion.

Die Verbindung desjenigen, was unter der Bedingung subsumirt worden, mit der Assertion der Regel, ist der Schluß.

### §. 59.
### Materie und Form der Vernunftschlüsse.

In den Vordersätzen oder Prämissen besteht die Materie; und in der Conklusion, so fern sie die Consequenz enthält, die Form der Vernunftschlüsse.

---

Anmerk. Bey jedem Vernunftschlusse ist also zuerst die Wahrheit der Prämissen und sodann die Richtigkeit
der

der Consequenz zu prüfen. — Nie muß man bey Verwerfung eines Vernunftschlusses zuerst die Conklusion verwerfen, sondern immer erst entweder die Prämissen oder die Consequenz.

2. In jedem Vernunftschlusse ist die Conklusion sogleich gegeben, so bald die Prämissen und die Consequenz gegeben ist.

§. 60.

Eintheilung der Vernunftschlüsse (der Relation nach) in kategorische, hypothetische und disjunctive.

Alle Regeln (Urtheile) enthalten objective Einheit des Bewußtseyns des Mannigfaltigen der Erkenntniß; mithin eine Bedingung, unter der ein Erkenntniß mit dem andern zu einem Bewußtseyn gehört. Nun lassen sich aber nur drey Bedingungen dieser Einheit denken, nemlich: als Subject der Inhärenz der Merkmale; — oder als Grund der Dependenz eines Erkenntnisses zum andern; — oder endlich als Verbindung der Theile in einem Ganzen (logische Eintheilung). Folglich kann es auch nur eben so viele Arten von allgemeinen Regeln (propositiones majores) geben, durch welche die Consequenz eines Urtheils aus dem andern vermittelt wird.

Und hierauf gründet sich die Eintheilung aller Vernunftschlüsse in kategorische, hypothetische und disjunctive.

Anmerk.

**Anmerk.** 1. Die Vernunftschlüsse können weder der Quantität nach eingetheilt werden; — denn jeder major ist eine Regel, mithin etwas Allgemeines — noch in Ansehung der Qualität; — denn es ist gleichgeltend, ob die Conklusion bejahend oder verneinend ist — noch endlich in Rücksicht auf die Modalität; — denn die Conklusion ist immer mit dem Bewußtseyn der Nothwendigkeit begleitet und hat folglich die Dignität eines apodiktischen Satzes. — Also bleibt allein nur die Relation als einzig möglicher Eintheilungsgrund der Vernunftschlüsse übrig.

2. Viele Logiker halten nur die kategorischen Vernunftschlüsse für ordentliche; die übrigen hingegen für außerordentliche. Allein dieses ist grundlos und falsch. Denn alle drey dieser Arten sind Producte gleich richtiger, aber von einander gleich wesentlich verschiedener Functionen der Vernunft.

### §. 61.

#### Eigenthümlicher Unterschied zwischen kategorischen, hypothetischen und disjunctiven Vernunftschlüssen.

Das Unterscheidende unter den drey gedachten Arten von Vernunftschlüssen liegt im Obersatze. — In kategorischen Vernunftschlüssen ist der Major ein kategorischer; in hypothetischen ist er ein hypothetischer oder problematischer; und in disjunctiven ein disjunctiver Satz.

## §. 62.

### 1. Kategorische Vernunftschlüsse.

In einem jeden kategorischen Vernunftschlusse befinden sich drey Hauptbegriffe (termini), nemlich:

1) das Prädikat in der Conklusion; welcher Begriff der Oberbegriff (terminus major) heißt, weil er eine größere Sphäre hat als das Subject;

2) das Subject (in der Konklusion), dessen Begriff der Unterbegriff (terminus minor) heißt; und

3) ein vermittelndes Merkmal (nota intermedia), welches der Mittelbegriff (terminus medius) heißt, weil durch denselben ein Erkenntniß unter die Bedingung der Regel subsumirt wird.

Anmerk. Dieser Unterschied in den gedachten terminis findet nur in kategorischen Vernunftschlüssen statt, weil nur diese allein durch einen terminum medium schließen; die andern dagegen nur durch die Subsumtion eines im Major problematisch und im Minor assertorisch vorgestellten Satzes.

### §. 63.
### Princip der kategorischen Vernunftschlüsse.

Das Princip, worauf die Möglichkeit und Gültigkeit aller kategorischen Vernunftschlüsse beruht, ist dieses: Was

Was dem Merkmale einer Sache zukommt, das kommt auch der Sache selbst zu; und was dem Merkmale einer Sache widerspricht, das widerspricht auch der Sache selbst (nota notae est nota rei ipsius; repugnans notae, repugnat rei ipsi).

---

Anmerk. Aus dem so eben aufgestellten Princip läßt sich das so genannte Dictum de omni et nullo leicht deduciren, und es kann um deswillen nicht als das oberste Princip weder für die Vernunftschlüsse überhaupt, noch für die kategorischen insbesondre gelten.

Die Gattungs- und Art-Begriffe sind nemlich allgemeine Merkmale aller der Dinge, die unter diesen Begriffen stehen. Es gilt demnach hier die Regel: Was der Gattung oder Art zukommt oder widerspricht, das kommt auch zu oder widerspricht allen den Objecten, die unter jener Gattung oder Art enthalten sind. Und diese Regel heißt eben das Dictum de omni et nullo.

§. 64.
Regeln für die kategorischen Vernunftschlüsse.

Aus der Natur und dem Princip der kategorischen Vernunftschlüsse fließen folgende Regeln für dieselben:

1)

1) In jedem kategorischen Vernunftschlusse können nicht mehr noch weniger **Hauptbegriffe** (termini) enthalten seyn als drey; — denn ich soll hier zwey Begriffe (Subject und Prädikat) durch ein vermittelndes Merkmal verbinden. —

2) Die Vordersätze oder Prämissen dürfen nicht insgesammt verneinen; (ex puris negativis nihil sequitur) — denn die Subsumtion im Untersatze muß bejahend seyn, als welche aussagt, daß ein Erkenntniß unter der Bedingung der Regel stehe. —

3) Die Prämissen dürfen auch nicht insgesammt **besondere** (partikulare) Sätze seyn (ex puris particularibus nihil sequitur) — denn alsdenn gebe es keine Regel, d. h. keinen allgemeinen Satz, woraus ein besonderes Erkenntniß könnte gefolgert werden. —

4) Die **Conklusion richtet sich allemal nach dem schwächern Theile des Schlusses**; d. h. nach dem verneinenden und besondern Satze in den Prämissen, als welcher der schwächere Theil des kategorischen Vernunftschlusses genannt wird (conclusio sequitur partem debiliorem). Ist daher

5) einer von den Vordersätzen ein negativer Satz: so muß die Conklusion auch negativ seyn; — und

6) ist ein Vordersatz ein partikularer Satz: so muß die Conklusion auch partikular seyn;

7) In allen kategorischen Vernunftschlüssen muß der **Major** ein allgemeiner (universalis) — der **Minor** aber

aber ein bejahender Satz (affirmans) seyn; — und hieraus folgt endlich,

8) daß die Conklusion in Ansehung der Qualität nach dem Obersatze; in Rücksicht auf die Quantität aber nach dem Untersatze sich richten müsse.

---

Anmerk. Daß sich die Conklusion jederzeit nach dem verneinenden und besondern Satze in den Prämissen richten müsse, ist leicht einzusehen.

Wenn ich den Untersatz nur partikular mache und sage: Einiges ist unter der Regel enthalten; so kann ich in der Conklusion auch nur sagen, daß das Prädikat der Regel Einigem zukomme, weil ich nicht mehr als dieses unter die Regel subsumirt habe. — Und wenn ich einen verneinenden Satz zur Regel (Obersatz) habe: so muß ich die Conklusion auch verneinend machen. Denn wenn der Obersatz sagt: Von allem, was unter der Bedingung der Regel steht, muß dieses oder jenes Prädikat verneinet werden; so muß die Conklusion das Prädikat auch von dem (Subject) verneinen, was unter die Bedingung der Regel subsumirt worden.

§. 65.
Reine und vermischte kategorische Vernunftschlüsse.

Ein kategorischer Vernunftschluß ist rein (purus), wenn in demselben kein unmittelbarer Schluß eingemischt, noch die gesetzmäßige Ordnung der Prämissen verändert ist; widrigenfalls wird er ein unreiner oder vermischter (ratiocinium impurum oder hybridum) genannt.

### §. 66.
### Vermischte Vernunftschlüsse durch Umkehrung der Sätze — Figuren.

Zu den vermischten Schlüssen sind diejenigen zu rechnen, welche durch die Umkehrung der Sätze entstehen und in denen also die Stellung dieser Sätze nicht die gesetzmäßige ist. — Dieser Fall findet statt bey den drey letztern sogenannten Figuren des kategorischen Vernunftschlusses.

### §. 67.
### Vier Figuren der Schlüsse.

Unter Figuren sind diejenigen vier Arten zu schließen zu verstehen, deren Unterschied durch die besondre Stellung der Prämissen und ihrer Begriffe bestimmt wird. —

### §. 68.
### Bestimmungsgrund ihres Unterschiedes durch die verschiedene Stellung des Mittelbegriffes.

Es kann nemlich der Mittelbegriff, auf dessen Stellung es hier eigentlich ankommt, entweder 1) im Obersatze die Stelle des Subjects und im Untersatze die Stelle des Prädikats; oder 2) in beyden Prämissen die Stelle des Prädikats; oder 3) in beyden die Stelle

Stelle des Subjects, oder endlich 4) im Obersatze die Stelle des Prädikats und im Untersatze die Stelle des Subjects — einnehmen. Durch diese vier Fälle ist der Unterschied der vier Figuren bestimmt. Es bezeichne S das Subject der Conklusion, P das Prädikat derselben und M den terminum medium: — so läßt sich das Schema für die gedachten vier Figuren in folgender Tafel darstellen:

| M P | P M | M P | P M |
| S M | S M | M S | M S |
|---|---|---|---|
| S P | S P | S P | S P |

### §. 69.
### Regel für die erste Figur, als die einzig gesetzmäßige.

Die Regel der ersten Figur ist: daß der Major ein allgemeiner, der Minor ein bejahender Satz sey. — Und da dieses die allgemeine Regel aller kategorischen Vernunftschlüsse überhaupt seyn muß: so ergiebt sich hieraus, daß die erste Figur die einzig gesetzmäßige sey, die allen übrigen zum Grunde liegt, und worauf alle übrigen, so fern sie Gültigkeit haben sollen, durch Umkehrung der Prämissen (metathesin praemissorum) zurückgeführt werden müssen.

**Anmerk.** Die erste Figur kann eine Conklusion von aller Quantität und Qualität haben. In den übrigen Figuren giebt es nur Conklusionen von gewisser Art; einige modi derselben sind hier ausgeschlossen. Dies zeigt schon an, daß diese Figuren nicht vollkommen, sondern daß gewisse Einschränkungen dabey vorhanden sind, die es verhindern, daß die Conklusion nicht in allen modis, wie in der ersten Figur, statt finden kann.

### §. 70.
### Bedingung der Reduktion der drey letztern Figuren auf die erstere.

Die Bedingung der Gültigkeit der drey letztern Figuren, unter welcher in einer jeden derselben ein richtiger Modus des Schließens möglich ist, läuft darauf hinaus: daß der Medius Terminus in den Sätzen eine solche Stelle erhalte, daraus durch unmittelbare Schlüsse (consequentias immediatas) die Stelle derselben nach den Regeln der ersten Figur entspringen kann. — Hieraus ergeben sich folgende Regeln für die drey letztern Figuren.

### §. 71.
### Regel der zweyten Figur.

In der zweyten Figur steht der Minor recht, also muß der Major umgekehrt werden, und zwar so, daß er allgemein (universalis) bleibt: Dieses ist nur möglich, wenn er allgemein verneinend ist;

### Dritter Abschnitt. Von den Schlüssen.

ist; ist er aber bejahend, so muß er kontraponirt werden. In beyden Fällen wird die Conklusion negativ (sequitur partem debiliorem).

---

Anmerk. Die Regel der zweyten Figur ist: Wem ein Merkmal eines Dinges widerspricht, das widerspricht der Sache selbst. — Hier muß ich nun erst umkehren und sagen: Wem ein Merkmal widerspricht, das widerspricht diesem Merkmal; — oder ich muß die Conklusion umkehren: Wem ein Merkmal eines Dinges widerspricht, dem widerspricht die Sache selbst; folglich widerspricht es der Sache.

### §. 72.
#### Regel der dritten Figur.

In der driten Figur steht der Major recht; also muß der Minor umgekehrt werden; doch so, daß ein bejahender Satz daraus entspringt. — Dieses aber ist nur möglich, indem der bejahende Satz partikulär ist; — folglich ist die Conklusion partikulär.

---

Anmerk. Die Regel der dritten Figur ist: Was einem Merkmale zukommt oder widerspricht, das kommt auch zu oder widerspricht Einigen, unter denen dieses Merkmal enthalten ist. — Hier muß ich erst sagen: Es kommt zu oder widerspricht Allen, die unter diesem Merkmal enthalten sind.

§. 73.
### Regel der vierten Figur.

Wenn in der vierten Figur der Major allgemein verneinend ist: so läßt er sich rein (simpliciter) umkehren; eben so der Minor als partikular; also ist die Conclusion negativ. — Ist hingegen der Major allgemein bejahend: so läßt er sich entweder nur per accidens umkehren oder kontraponiren; also ist die Conclusion entweder partikular oder negativ. — Soll die Conclusion nicht umgekehrt (P.S. in SP verwandelt) werden: so muß eine Versetzung der Prämissen (metathesis praemissorum) oder eine Umkehrung (conversio) beyder geschehen.

---

Anmerk. In der vierten Figur wird geschlossen: das Prädikat hängt am medio termino, der medius terminus am Subject (der Conclusion), folglich das Subject am Prädikat; welches aber gar nicht folgt, sondern allenfalls sein Umgekehrtes. — Um dieses möglich zu machen, muß der Major zum Minor und vice versa gemacht und die Conclusion umgekehrt werden, weil bey der erstern Veränderung terminus minor in majorem verwandelt wird.

§. 74.
### Allgemeine Resultate über die drey letztern Figuren.

Aus den angegebenen Regeln für die drey letztern Figuren erhellet,

1)

1) daß in keiner derselben es eine allgemein bejahende Conklusion giebt, sondern daß die Conklusion immer entweder negativ oder partikular ist;

2) daß in einer jeden ein unmittelbarer Schluß (conseq. immediata) eingemischt ist, der zwar nicht ausdrücklich bezeichnet wird, aber doch stillschweigend mit einverstanden werden muß; — daß also auch um deswillen

3) alle diese drey letztern modi des Schließens nicht reine, sondern unreine Schlüsse (ratioc. hybrida, impura) genannt werden müssen, da jeder reine Schluß nicht mehr als drey Hauptsätze (termini) haben kann.

## §. 75.

### 2. Hypothetische Vernunftschlüsse.

Ein hypothetischer Schluß ist ein solcher, der zum Major einen hypothetischen Satz hat. — Er besteht also aus zwey Sätzen, 1) einem Vordersatze (antecedens) und 2) einem Nachsatze (consequens), und es wird hier entweder nach dem modo ponente oder dem modo tollente gefolgert.

---

Anmerk. 1. Die hypothetischen Vernunftschlüsse haben also keinen medium terminum, sondern es wird bey denselben die Consequenz eines Satzes aus dem andern nur angezeigt. — Es wird nemlich im Major derselben die Consequenz zweyer Sätze aus einander ausgedrückt, von denen der erste eine Prämisse, der zweyte eine Conklusion ist. Der Minor ist eine Verwandlung der problematischen Bedingung in einen kategorischen Satz.

2. Daraus, daß der hypothetische Schluß nur aus zwey Sätzen besteht, ohne einen Mittelbegriff zu haben, ist zu ersehen: daß er eigentlich kein Vernunftschluß sey, sondern vielmehr nur ein unmittelbarer, aus einem Vordersatze und Nachsatze, der Materie oder der Form nach, zu erweisender Schluß (consequentia immediata demonstrabilis [ex antecedente et consequente] vel quoad materiam vel quoad formam).

Ein jeder Vernunftschluß soll ein Beweis seyn. Nun führt aber der hypothetische nur den Beweis-Grund bey sich. Folglich ist auch hieraus klar, daß er kein Vernunftschluß seyn könne.

### §. 76.
### Princip der hypothetischen Schlüsse.

Das Princip der hypothetischen Schlüsse ist der Satz des Grundes: A ratione ad rationatum; — a negatione rationali ad negationem rationis, valet consequentia.

### §. 77.

3. **Disjunctive Vernunftschlüsse.**

In den disjunctiven Schlüssen ist der Major ein disjunctiver Satz und muß daher, als solcher, Glieder der Eintheilung oder Disjunction haben. —

Es wird hier entweder 1) von der Wahrheit Eines Gliedes der Disjunction auf die Falschheit der übrigen geschlossen; oder 2) von der Falschheit aller Glieder, außer

außer Einem, auf die Wahrheit dieses Einen. Jenes geschieht durch den modum ponentem (oder ponendo tollentem); dieses durch den modum tollentem (tollendo ponentem.)

Anmerk. 1. Alle Glieder der Disjunction, außer Einem, zusammen genommen, machen das kontradictorische Gegentheil dieses Einen aus. Es findet also hier eine Dichotomie statt, nach welcher, wenn eines von beyden wahr ist, das andre falsch seyn muß und umgekehrt.

2. Alle disjunctive Vernunftschlüsse von mehr als zwey Gliedern der Disjunction sind also eigentlich **polysyllogistisch**. Denn alle wahre Disjunction kann nur bimembris seyn und die logische Division ist auch bimembris; aber die membra subdividentia werden um der Kürze willen unter die membra dividentia gesetzt.

### §. 78.
### Princip der disjunctiven Vernunftschlüsse.

Das Princip der disjunctiven Schlüsse ist der Grundsatz des ausschließenden Dritten:

A contradictorie oppositorum negatione unius ad affirmationem alterius; — a positione unius ad negationem alterius — valet consequentia.

### §. 79.
### Dilemma.

Ein Dilemma ist ein hypothetisch-disjunctiver Vernunftschluß; oder ein hypothetischer Schluß, dessen consequens ein disjunctives Urtheil ist. — Der hypothetische

wandlung der problematischen Bedingung in einen kategorischen Satz.

2. Daraus, daß der hypothetische Schluß nur aus zwey Sätzen besteht, ohne einen Mittelbegriff zu haben, ist zu ersehen: daß er eigentlich kein Vernunftschluß sey, sondern vielmehr nur ein unmittelbarer, aus einem Vordersatze und Nachsatze, der Materie oder der Form nach, zu erweisender Schluß (consequentia immediata demonstrabilis, [ex antecedente et consequente] vel quoad materiam vel quoad formam).

Ein jeder Vernunftschluß soll ein Beweis seyn. Nun führt aber der hypothetische nur den Beweis-Grund bey sich. Folglich ist auch hieraus klar, daß er kein Vernunftschluß seyn könne.

### §. 76.
### Princip der hypothetischen Schlüsse.

Das Princip der hypothetischen Schlüsse ist der Satz des Grundes: A ratione ad rationatum; — a negatione rationali ad negationem rationis, valet consequentia.

### §. 77.
### 3. Disjunctive Vernunftschlüsse.

In den disjunctiven Schlüssen ist der Major ein disjunctiver Satz und muß daher, als solcher, Glieder der Eintheilung oder Disjunction haben. —

Es wird hier entweder 1) von der Wahrheit Eines Gliedes der Disjunction auf die Falschheit der übrigen geschlossen; oder 2) von der Falschheit aller Glieder, außer

außer Einem, auf die Wahrheit dieses Einen. Jenes geschieht durch den modum ponentem (oder ponendo tollentem); dieses durch den modum tollentem (tollendo ponentem.)

Anmerk. 1. Alle Glieder der Disjunction, außer Einem, zusammen genommen, machen das kontradictorische Gegentheil dieses Einen aus. Es findet also hier eine Dichotomie statt, nach welcher, wenn eines von beyden wahr ist, das andre falsch seyn muß und umgekehrt.

2. Alle disjunctive Vernunftschlüsse von mehr als zwey Gliedern der Disjunction sind also eigentlich polysyllogistisch. Denn alle wahre Disjunction kann nur bimembris seyn und die logische Division ist auch bimembris; aber die membra subdividentia werden um der Kürze willen unter die membra dividentia gesetzt.

### §. 78.
#### Princip der disjunctiven Vernunftschlüsse.

Das Princip der disjunctiven Schlüsse ist der Grundsatz des ausschließenden Dritten:

A contradictorie oppositorum negatione unius ad affirmationem alterius; — a positione unius ad negationem alterius — valet consequentia.

### §. 79.
#### Dilemma.

Ein Dilemma ist ein hypothetisch-disjunctiver Vernunftschluß; oder ein hypothetischer Schluß, dessen consequens ein disjunctives Urtheil ist. — Der hypothetische

thetische Satz, dessen consequens disjunctiv ist, ist der Obersatz; der Untersatz bejahet, daß das consequens (per omnia membra) falsch ist und der Schlußsatz bejahet, daß das antecedens falsch sey. — (A remotione consequentis ad negationem antecedentis valet consequentia.)

―――

Anmerk. Die Alten machten sehr viel aus dem Dilemma, und nannten diesen Schluß cornutus. Sie wußten einen Gegner dadurch in die Enge zu treiben, daß sie alles hersagten, wo er sich hinwenden konnte und ihm dann auch alles widerlegten. Sie zeigten ihm viele Schwierigkeiten bey jeder Meynung, die er annahm. — Aber es ist ein sophistischer Kunstgriff, Sätze nicht geradezu zu widerlegen, sondern nur Schwierigkeiten zu zeigen; welches denn auch bey vielen, ja bey den mehresten Dingen angeht.

Wenn wir nun alles das sogleich für falsch erklären wollen, wobey sich Schwierigkeiten finden: so ist es ein leichtes Spiel, Alles zu verwerfen. — Zwar ist es gut, die Unmöglichkeit des Gegentheils zu zeigen; allein hierinn liegt doch etwas Täuschendes, wofern man die Unbegreiflichkeit des Gegentheils für die Unmöglichkeit desselben hält. — Die Dilemmata haben daher vieles Verfängliche an sich, ob sie gleich richtig schließen. Sie können gebraucht werden, wahre Sätze zu vertheidigen, aber auch wahre Sätze anzugreifen, durch Schwierigkeiten, die man gegen sie aufwirft.

§. 80.

### §. 80.
#### Förmliche und versteckte Vernunftschlüsse
(ratiocinia formalia und cryptica).

Ein förmlicher Vernunftschluß ist ein solcher, der nicht nur der Materie nach alles Erforderliche enthält, sondern auch der Form nach richtig und vollständig ausgedrückt ist. — Den förmlichen Vernunftschlüssen sind die versteckten (cryptica) entgegengesetzt, zu denen alle diejenigen können gerechnet werden, in welchen entweder die Prämissen versetzt, oder eine der Prämissen ausgelassen, oder endlich der Mittelbegriff allein mit der Conklusion verbunden ist. — Ein versteckter Vernunftschluß von der zweyten Art, in welchem die eine Prämisse nicht ausgedrückt, sondern nur mit gedacht wird, heißt ein verstümmelter oder ein Enthymema. — Die der dritten Art werden zusammengezogene Schlüsse genannt.

---

## III. Schlüsse der Urtheilskraft.

### §. 81.
#### Bestimmende und reflectirende Urtheilskraft.

Die Urtheilskraft ist zwiefach; — die bestimmende oder die reflectirende Urtheilskraft. Die erstere geht vom Allgemeinen zum Besondern; die zweyte vom Besondern zum Allgemeinen. — Die letztere hat nur subjective Gültigkeit; —

denn

denn das Allgemeine, zu welchem sie vom Besondern fortschreitet, ist nur empirische Allgemeinheit — ein bloßes Analogon der logischen.

## §. 82.
### Schlüsse der (reflectirenden) Urtheilskraft.

Die Schlüsse der Urtheilskraft sind gewisse Schlußarten, aus besondern Begriffen zu allgemeinen zu kommen. — Es sind also nicht Functionen der bestimmenden, sondern der reflectirenden Urtheilskraft; mithin bestimmen sie auch nicht das Object, sondern nur die Art der Reflexion über dasselbe, um zu seiner Kenntniß zu gelangen.

## §. 83.
### Princip dieser Schlüsse.

Das Princip, welches den Schlüssen der Urtheilskraft zum Grunde liegt, ist dieses: daß Vieles nicht ohne einen gemeinschaftlichen Grund in Einem zusammen stimmen, sondern daß das, was Vielem auf diese Art zukommt, aus einem gemeinschaftlichen Grunde nothwendig seyn werde.

Anmerk. Da den Schlüssen der Urtheilskraft ein solches Princip zum Grunde liegt: so können sie um deswillen nicht für unmittelbare Schlüsse gehalten werden.

## §. 84.

**Induction und Analogie — die beyden Schlußarten der Urtheilskraft.**

Die Urtheilskraft, indem sie vom Besondern zum Allgemeinen fortschreitet, um aus der Erfahrung, mithin nicht a priori (empirisch) allgemeine Urtheile zu ziehen, schließt entweder von vielen auf alle Dinge einer Art; oder von vielen Bestimmungen und Eigenschaften, worinn Dinge von einerley Art zusammenstimmen, auf die übrigen, sofern sie zu demselben Princip gehören. — Die erstere Schlußart heißt der Schluß durch Induction; — die andre, der Schluß nach der Analogie.

---

Anmerk. 1. Die Induction schließt also vom Besondern aufs Allgemeine (a particulari ad universale) nach dem Princip der Allgemeinmachung: Was vielen Dingen einer Gattung zukommt, das kommt auch den übrigen zu. — Die Analogie schließt von partikulärer Aehnlichkeit zweyer Dinge auf totale, nach dem Princip der Specifikation: Dinge von einer Gattung, von denen man vieles Uebereinstimmende kennt, stimmen auch in dem Uebrigen überein, was wir in Einigen dieser Gattung kennen, an andern aber nicht wahrnehmen. — Die Induction erweitert das empirisch Gegebene vom Besondern aufs Allgemeine in Ansehung vieler Gegenstände; — die Analogie dagegen
die

denn das Allgemeine, zu welchem sie vom Besondern fortschreitet, ist nur empirische Allgemeinheit — ein bloßes Analogon der logischen.

### §. 82.
#### Schlüsse der (reflectirenden) Urtheilskraft.

Die Schlüsse der Urtheilskraft sind gewisse Schlußarten, aus besondern Begriffen zu allgemeinen zu kommen. — Es sind also nicht Functionen der bestimmenden, sondern der reflectirenden Urtheilskraft; mithin bestimmen sie auch nicht das Object, sondern nur die Art der Reflexion über dasselbe, um zu seiner Kenntniß zu gelangen.

### §. 83.
#### Princip dieser Schlüsse.

Das Princip, welches den Schlüssen der Urtheilskraft zum Grunde liegt, ist dieses: daß Vieles nicht ohne einen gemeinschaftlichen Grund in Einem zusammen stimmen, sondern daß das, was Vielem auf diese Art zukommt, aus einem gemeinschaftlichen Grunde nothwendig seyn werde.

Anmerk. Da den Schlüssen der Urtheilskraft ein solches Princip zum Grunde liegt: so können sie um deswillen nicht für unmittelbare Schlüsse gehalten werden.

## §. 84.

### Induction und Analogie — die beyden Schlußarten der Urtheilskraft.

Die Urtheilskraft, indem sie vom Besondern zum Allgemeinen fortschreitet, um aus der Erfahrung, mithin nicht a priori (empirisch) allgemeine Urtheile zu ziehen, schließt entweder von vielen auf alle Dinge einer Art; oder von vielen Bestimmungen und Eigenschaften, worinn Dinge von einerley Art zusammenstimmen, auf die übrigen, sofern sie zu demselben Princip gehören. — Die erstere Schlußart heißt der Schluß durch Induction; — die andre, der Schluß nach der Analogie.

---

Anmerk. 1. Die Induction schließt also vom Besondern aufs Allgemeine (a particulari ad universale) nach dem Princip der Allgemeinmachung: Was vielen Dingen einer Gattung zukommt, das kommt auch den übrigen zu. — Die Analogie schließt von partikulärer Aehnlichkeit zweyer Dinge auf totale, nach dem Princip der Specifikation: Dinge von einer Gattung, von denen man vieles Uebereinstimmende kennt, stimmen auch in dem Uebrigen überein, was wir in Einigen dieser Gattung kennen, an andern aber nicht wahrnehmen. — Die Induction erweitert das empirisch Gegebne vom Besondern aufs Allgemeine in Ansehung vieler Gegenstände; — die Analogie dagegen

die

die gegebenen Eigenschaften eines Dinges auf mehrere eben desselben Dinges — Eines in Vielen, also in Allen: Induction; — Vieles in Einem (was auch in Andern ist), also auch das Uebrige in demselben: Analogie. — So ist z. B. der Beweisgrund für die Unsterblichkeit: aus der völligen Entwickelung der Naturanlagen eines jeden Geschöpfs, ein Schluß nach der Analogie.

Bey dem Schlusse nach der Analogie wird indessen nicht die Identität des Grundes (par ratio) erfordert. Wir schließen nach der Analogie nur auf vernünftige Mondbewohner, nicht auf Menschen. — Auch kann man nach der Analogie nicht über das tertium comparationis hinaus schließen.

2. Ein jeder Vernunftschluß muß Nothwendigkeit geben. Induction und Analogie sind daher keine Vernunftschlüsse, sondern nur logische Präsumtionen oder auch empirische Schlüsse; und durch Induction bekommt man wohl generale, aber nicht universale Sätze. —

3. Die gedachten Schlüsse der Urtheilskraft sind nützlich und unentbehrlich zum Behuf der Erweiterung unsers Erfahrungserkenntnisses. Da sie aber nur empirische Gewißheit geben: so müssen wir uns ihrer mit Behutsamkeit und Vorsicht bedienen.

§. 85.

### §. 85.

#### Einfache und zusammengesetzte Vernunftschlüsse.

Ein Vernunftschluß heißt einfach, wenn er nur aus Einem, zusammengesetzt, wenn er aus mehreren Vernunftschlüssen besteht.

### §. 86.

#### Ratiocinatio polysyllogistica.

Ein zusammengesetzter Schluß, in welchem die mehreren Vernunftschlüsse nicht durch bloße Coordination, sondern durch Subordination, d. h. als Gründe und Folgen mit einander verbunden sind, wird eine Kette von Vernunftschlüssen genannt (ratiocinatio polysyllogistica).

### §. 87.

#### Prosyllogismen und Episyllogismen.

In der Reihe zusammengesetzter Schlüsse kann man auf eine doppelte Art, entweder von den Gründen herab zu den Folgen; oder von den Folgen herauf zu den Gründen, schließen. Das erste geschieht durch Episyllogismen, das andre durch Prosyllogismen. —

Ein Episyllogismus ist nemlich derjenige Schluß in der Reihe von Schlüssen, dessen Prämisse die Conklusion eines Prosyllogismus. — also eines Schluſ-

Schlusses wird, welcher die Prämisse des erstern zur Conklusion hat.

### §. 88.
#### Sorites oder Kettenschluß.

Ein aus mehreren abgekürzten und unter einander zu Einer Conklusion verbundenen Schlüssen heißt ein Sorites oder Kettenschluß, der entweder progressiv oder regressiv seyn kann; je nachdem man von den nähern Gründen zu den entfernten hinauf, oder von den entferntern Gründen zu den nähern herabsteigt.

### §. 89.
#### Kategorische und hypothetische Sorites.

Die progressiven so wohl als die regressiven Kettenschlüsse können hinwiederum entweder kategorische oder hypothetische seyn. — Jene bestehen aus kategorischen Sätzen als einer Reihe von Prädikaten; diese aus hypothetischen, als einer Reihe von Consequenzen.

### §. 90.
#### Trugschluß — Paralogismus — Sophisma.

Ein Vernunftschluß, welcher der Form nach falsch ist, ob er gleich den Schein eines richtigen Schlusses für sich hat, heißt ein Trugschluß (fallacia). — Ein solcher Schluß ist ein Paralogismus, in so fern man sich selbst dadurch hintergeht;

ein

### Dritter Abschnitt. Von den Schlüssen.

ein Sophisma, sofern man Andre dadurch mit Absicht zu hintergehen sucht.

---

Anmerk. Die Alten beschäftigten sich sehr mit der Kunst, dergleichen Sophismen zu machen. Daher sind viele von der Art aufgekommen; z. B. das Sophisma figurae dictionis, worinn der medius terminus in verschiedener Bedeutung genommen wird; — fallacia a dicto secundum quid ad dictum simpliciter; — Sophisma heterozeteseos, elenchi, ignorationis u. dgl. m. —

### §. 91.
### Sprung im Schließen.

Ein Sprung (saltus) im Schließen oder Beweisen ist die Verbindung Einer Prämisse mit der Conklusion, so daß die andre Prämisse ausgelassen wird. — Ein solcher Sprung ist rechtmäßig (legitimus), wenn ein Jeder die fehlende Prämisse leicht hinzudenken kann; unrechtmäßig (illegitimus) aber, wenn die Subsumtion nicht klar ist. — Es wird hier ein entferntes Merkmal mit einer Sache ohne Zwischenmerkmal (nota intermedia) verknüpft.

### §. 92.
Petitio principii. — Circulus in probando.

Unter einer petitio principii versteht man die Annehmung eines Satzes zum Beweisgrunde als eines unmittelbar gewissen Satzes, obgleich er noch eines Beweises bedarf. — Und einen Cirkel im Beweisen begeht man, wenn man denjenigen Satz, den man hat beweisen wollen, seinem eignen Beweise zum Grunde legt.

**Anmerk.** Der Cirkel im Beweisen ist oft schwer zu entdecken; und dieser Fehler wird gerade da gemeiniglich am häufigsten begangen, wo die Beweise schwer sind.

### §. 93.
### Probatio plus und minus probans.

Ein Beweis kann zu viel, aber auch zu wenig beweisen. Im letztern Falle beweist er nur einen Theil von dem, was bewiesen werden soll; im erstern geht er auch auf das, welches falsch ist.

**Anmerk.** Ein Beweis, der zu wenig beweist, kann wahr seyn und ist also nicht zu verwerfen. Beweist er aber zu viel: so beweist er mehr, als was wahr ist; und das ist denn falsch. — So beweist z. B. der Beweis wider den Selbstmord: daß, wer sich nicht das Leben gegeben, es sich auch nicht nehmen könne, zu viel; denn aus diesem Grunde dürften wir auch keine Thiere tödten. Er ist also falsch.

## II.
# Allgemeine Methodenlehre.

§. 94.
### Manier und Methode.

Alle Erkenntniß und ein Ganzes derselben muß einer Regel gemäß seyn. (Regellosigkeit ist zugleich Unvernunft.) — Aber diese Regel ist entweder die der Manier (frey) oder die der Methode (Zwang).

§. 95.
### Form der Wissenschaft — Methode.

Die Erkenntniß, als Wissenschaft, muß nach einer Methode eingerichtet seyn. Denn Wissenschaft ist ein Ganzes der Erkenntniß als System und nicht blos als Aggregat. — Sie erfordert daher eine systematische, mithin nach überlegten Regeln, abgefaßte Erkenntniß.

§. 96.
### Methodenlehre. — Gegenstand und Zweck derselben.

Wie die Elementarlehre in der Logik die Elemente und Bedingungen der Vollkommenheit einer Erkenntniß zu ihrem Inhalt hat: so hat dagegen die allgemeine Methodenlehre, als der andre Theil der Logik, von der Form einer Wissenschaft überhaupt, oder von der Art und Weise zu handeln, das Mannigfaltige der Erkenntniß zu einer Wissenschaft zu verknüpfen.

## §. 97.
### Mittel zu Beförderung der logischen Vollkommenheit der Erkenntniß.

Die Methodenlehre soll die Art vortragen, wie wir zur Vollkommenheit des Erkenntnisses gelangen. — Nun besteht eine der wesentlichsten logischen Vollkommenheiten des Erkenntnisses in der Deutlichkeit, der Gründlichkeit und systematischen Anordnung derselben zum Ganzen einer Wissenschaft. Die Methodenlehre wird demnach hauptsächlich die Mittel anzugeben haben, durch welche diese Vollkommenheiten des Erkenntnisses befördert werden.

## §. 98.
### Bedingungen der Deutlichkeit des Erkenntnisses.

Die Deutlichkeit der Erkenntnisse und ihre Verbindung zu einem systematischen Ganzen hängt ab von der Deutlichkeit der Begriffe sowohl in Ansehung dessen, was in ihnen, als in Rücksicht auf das, was unter ihnen enthalten ist.

Das deutliche Bewußtseyn des Inhalts der Begriffe wird befördert durch Exposition und Definition derselben; — das deutliche Bewußtseyn ihres Umfanges dagegen, durch die logische Eintheilung derselben. — Zuerst also hier von den Mitteln zu Beförderung der Deutlichkeit der Begriffe in Ansehung ihres Inhalts.

# I. Beförderung der logischen Vollkommenheit des Erkenntnisses durch Definition, Exposition und Beschreibung der Begriffe.

## §. 99.
### Definition.

Eine Definition ist ein zureichend deutlicher und abgemessener Begriff (conceptus rei adaequatus in minimis terminis; complete determinatus).

---

**Anmerk.** Die Definition ist allein als ein logisch vollkommener Begriff anzusehen; denn es vereinigen sich in ihr die beyden wesentlichsten Vollkommenheiten eines Begriffs: die Deutlichkeit und — die Vollständigkeit und Präcision in der Deutlichkeit (Quantität der Deutlichkeit).

## §. 100.
### Analytische und synthetische Definition.

Alle Definitionen sind entweder analytisch oder synthetisch. — Die erstern sind Definitionen eines **gegebenen**; die letztern, Definitionen eines **gemachten** Begriffs.

## §. 101.
### Gegebene und gemachte Begriffe a priori und a posteriori.

Die gegebenen Begriffe einer analytischen Definition sind entweder a priori oder a posteriori gegeben;

so wie die gemachten Begriffe einer synthetischen Definition entweder a priori oder a posteriori gemacht sind.

## §. 102.
### Synthetische Definitionen durch Exposition oder Construction.

Die Synthesis der gemachten Begriffe, aus welcher die synthetischen Definitionen entspringen, ist entweder die der **Exposition** (bey Erscheinungen) oder die der **Construction**. — Die letztere ist die Synthesis willkührlich gemachter, die erstere, die Synthesis empirisch, — d. h. aus gegebenen Erscheinungen, als der Materie derselben, gemachter Begriffe (conceptus factitii vel a priori vel per synthesin empiricam). — Willkührlich gemachte Begriffe sind die mathematischen.

---

Anmerk. Alle Definitionen der mathematischen und — wofern anders bey empirischen Begriffen überall Definitionen statt finden könnten — auch der Erfahrungsbegriffe, müssen also synthetisch gemacht werden. Denn auch bey den Begriffen der letztern Art, z. B. den empirischen Begriffen Wasser, Feuer, Luft u. dgl. soll ich nicht zergliedern, was in ihnen liegt, sondern durch Erfahrung kennen lernen, was zu ihnen gehört. — Alle empirische Begriffe müssen also als gemachte Begriffe angesehen werden, deren Synthesis aber nicht willkührlich, sondern empirisch ist.

§. 103.

### §. 103.
**Unmöglichkeit empirisch synthetischer Definitionen.**

Da die Synthesis der empirischen Begriffe nicht willkührlich, sondern empirisch ist und als solche, niemals vollständig seyn kann (weil man in der Erfahrung immer noch mehr Merkmale des Begriffs entdecken kann): so können empirische Begriffe auch nicht definirt werden.

---

**Anmerk.** Synthetisch lassen sich also nur willkührliche Begriffe definiren. Solche Definitionen willkührlicher Begriffe, die nicht nur immer möglich, sondern auch nothwendig sind, und vor alle dem, was vermittelst eines willkührlichen Begriffs gesagt wird, vorangehen müssen, könnte man auch Deklarationen nennen, so fern man dadurch seine Gedanken deklarirt oder Rechenschaft von dem giebt, was man unter einem Worte versteht. Dies ist der Fall bey den Mathematikern.

### §. 104.
**Analytische Definitionen durch Zergliederung a priori oder a posteriori gegebener Begriffe.**

Alle gegebene Begriffe, sie mögen a priori oder a posteriori gegeben seyn, können nur durch Analysis definirt werden. Denn gegebene Begriffe kann man nur deutlich machen, so fern man die Merkmale derselben successiv klar macht. — Werden alle Merkmale eines gege-

gegebenen Begriffs klar gemacht: so wird der Begriff vollständig deutlich; enthält er auch nicht zu viel Merkmale, so ist er zugleich präcis und es entspringt hieraus eine Definition des Begriffs.

---

Anmerk. Da man durch keine Probe gewiß werden kann, ob man alle Merkmale eines gegebenen Begriffs durch vollständige Analyse erschöpft habe: so sind alle analytische Definitionen für unsicher zu halten.

§. 105.
Erörterungen und Beschreibungen.

Nicht alle Begriffe können also, sie dürfen aber auch nicht alle definirt werden.

Es giebt Annäherungen zur Definition gewisser Begriffe; dieses sind theils Erörterungen (expositiones), theils Beschreibungen (descriptiones).

Das Exponiren eines Begriffs besteht in der an einander hangenden (successiven) Vorstellung seiner Merkmale, so weit dieselben durch Analyse gefunden sind.

Die Beschreibung ist die Exposition eines Begriffs, so fern sie nicht präcis ist.

---

Anmerk. 1. Wir können entweder einen Begriff oder die Erfahrung exponiren. Das erste geschieht durch Analysis, das zweyte durch Synthesis.

2. Die Exposition findet also nur bey gegebenen Begriffen statt, die dadurch deutlich gemacht werden; sie unterscheidet sich dadurch von der Deklaration,

*ration,* die eine deutliche Vorstellung gemachter Begriffe ist. —

Da es nicht immer möglich ist, die Analysis vollständig zu machen; und da überhaupt eine Zergliederung, ehe sie vollständig wird, erst unvollständig seyn muß: so ist auch eine unvollständige Exposition als Theil einer Definition, eine wahre und brauchbare Darstellung eines Begriffs. Die Definition bleibt hier immer nur die Idee einer logischen Vollkommenheit, die wir zu erlangen suchen müssen.

3. Die Beschreibung kann nur bey empirisch gegebenen Begriffen statt finden. Sie hat keine bestimmten Regeln und enthält nur die Materialien zur Definition.

§. 106.

**Nominal- und Real-Definitionen.**

Unter bloßen Namen-Erklärungen oder Nominal-Definitionen sind diejenigen zu verstehen, welche die Bedeutung enthalten, die man willkührlich einem gewissen Namen hat geben wollen, und die daher nur das logische Wesen ihres Gegenstandes bezeichnen, oder blos zu Unterscheidung desselben von andern Objecten dienen. — Sach-Erklärungen oder Real-Definitionen hingegen sind solche, die zur Erkenntniß des Objects, seinen innern Bestimmungen nach, zureichen, indem sie die Möglichkeit des Gegenstandes aus innern Merkmalen darlegen.

gegebenen Begriffs klar gemacht: so wird der Begriff vollständig deutlich; enthält er auch nicht zu viel Merkmale, so ist er zugleich präcis und es entspringt hieraus eine Definition des Begriffs.

---

Anmerk. Da man durch keine Probe gewiß werden kann, ob man alle Merkmale eines gegebenen Begriffs durch vollständige Analyse erschöpft habe: so sind alle analytische Definitionen für unsicher zu halten.

### §. 105.
### Erörterungen und Beschreibungen.

Nicht alle Begriffe können also, sie dürfen aber auch nicht alle definirt werden.

Es giebt Annäherungen zur Definition gewisser Begriffe; dieses sind theils Erörterungen (expositiones), theils Beschreibungen (descriptiones).

Das Exponiren eines Begriffs besteht in der an einander hangenden (successiven) Vorstellung seiner Merkmale, so weit dieselben durch Analyse gefunden sind.

Die Beschreibung ist die Exposition eines Begriffs, so fern sie nicht präcis ist.

---

Anmerk. 1. Wir können entweder einen Begriff oder die Erfahrung exponiren. Das erste geschieht durch Analysis, das zweyte durch Synthesis.

2. Die Exposition findet also nur bey gegebenen Begriffen statt, die dadurch deutlich gemacht werden; sie unterscheidet sich dadurch von der Deklaration,

ration, die eine deutliche Vorstellung gemachter Begriffs ist. —

Da es nicht immer möglich ist, die Analysis vollständig zu machen; und da überhaupt eine Zergliederung, ehe sie vollständig wird, erst unvollständig seyn muß: so ist auch eine unvollständige Exposition als Theil einer Definition, eine wahre und brauchbare Darstellung eines Begriffs. Die Definition bleibt hier immer nur die Idee einer logischen Vollkommenheit, die wir zu erlangen suchen müssen.

3. Die Beschreibung kann nur bey empirisch gegebenen Begriffen statt finden. Sie hat keine bestimmten Regeln und enthält nur die Materialien zur Definition.

§. 106.

**Nominal- und Real-Definitionen.**

Unter bloßen Namen-Erklärungen oder Nominal-Definitionen sind diejenigen zu verstehen, welche die Bedeutung enthalten, die man willkührlich einem gewissen Namen hat geben wollen, und die daher nur das logische Wesen ihres Gegenstandes bezeichnen, oder blos zu Unterscheidung desselben von andern Objecten dienen. — Sach-Erklärungen oder Real-Definitionen hingegen sind solche, die zur Erkenntniß des Objects, seinen innern Bestimmungen nach, zureichen, indem sie die Möglichkeit des Gegenstandes aus innern Merkmalen darlegen.

———

Anmerk.

## II. Allgemeine Methodenlehre.

**Anmerk.** 1. Wenn ein Begriff innerlich zureichend ist, die Sache zu unterscheiden, so ist er es auch gewiß äußerlich; wenn er aber innerlich nicht zureichend ist: so kann er doch bloß in gewisser Beziehung äußerlich zureichend seyn, nemlich in der Vergleichung des Definitums mit andern. Allein die **unumschränkte** äußere Zulänglichkeit ist ohne die innere nicht möglich.

2. Erfahrungsgegenstände erlauben bloß Nominalerklärungen. — Logische Nominal-Definitionen gegebener Verstandesbegriffe sind von einem Attribut hergenommen; Real-Definitionen hingegen aus dem Wesen der Sache, dem ersten Grunde der Möglichkeit. Die letztern enthalten also das, was jederzeit der Sache zukommt — das Realwesen derselben. — Bloß **verneinende** Definitionen können auch keine Real-Definitionen heißen, weil verneinende Merkmale wohl zur Unterscheidung einer Sache von andern eben so gut dienen können, als bejahende, aber nicht zur Erkenntniß der Sache ihrer innern Möglichkeit nach.

In Sachen der Moral müssen immer Real-Definitionen gesucht werden; — dahin muß alles unser Bestreben gerichtet seyn. — Real-Definitionen giebt es in der Mathematik; denn die Definition eines willkührlichen Begriffs ist immer **real**.

3. Eine Definition ist **genetisch**, wenn sie einen Begriff giebt, durch welchen der Gegenstand a priori in concreto kann dargestellt werden; dergleichen sind alle mathematische Definitionen.

§. 107.

## I. Von der Definition.

### §. 107.

**Haupterfordernisse der Definition.**

Die wesentlichen und allgemeinen Erfordernisse, die zur Vollkommenheit einer Definition überhaupt gehören, lassen sich unter den Vier Hauptmomenten der Quantität, Qualität, Relation und Modalität betrachten;

1) der Quantität nach — was die Sphäre der Definition betrifft — müssen die Definition und das Definitum Wechselbegriffe (conceptus reciproci) und mithin die Definition weder weiter noch enger seyn, als ihr Definitum;

2) der Qualität nach muß die Definition ein ausführlicher und zugleich präciser Begriff seyn;

3) der Relation nach muß sie nicht tautologisch; d. i. die Merkmale des Definitums müssen, als Erkenntnißgründe desselben, von ihm selbst verschieden seyn; und endlich

4) der Modalität nach müssen die Merkmale nothwendig und also nicht solche seyn, die durch Erfahrung hinzukommen.

---

Anmerk. Die Bedingung: daß der Gattungsbegriff und der Begriff des specifischen Unterschiedes (genus und differentia specifica) die Definition ausmachen sollen, gilt nur in Ansehung der Nominal-Definitionen in der Vergleichung; aber nicht für die Real-Definitionen in der Ableitung.

§. 108.

## §. 108.

**Regeln zu Prüfung der Definitionen.**

Bey Prüfung der Definitionen sind vier Handlungen zu verrichten; es ist nemlich dabey zu untersuchen: ob die Definition

1) als ein Satz betrachtet, **wahr** sey; ob sie
2) als ein Begriff, **deutlich** sey; —
3) ob sie als ein deutlicher Begriff auch **ausführlich**, und endlich
4) als ein ausführlicher Begriff zugleich **bestimmt**, d. i. der Sache selbst adäquat sey.

## §. 109.

**Regeln zu Verfertigung der Definitionen.**

Eben dieselben Handlungen, die zu Prüfung der Definitionen gehören, sind nun auch beym Verfertigen derselben zu verrichten. — Zu diesem Zweck suche also: 1) wahre Sätze, 2) solche, deren Prädikat den Begriff der Sache nicht schon voraussetzt, 3) sammle deren mehrere und vergleiche sie mit dem Begriffe der Sache selbst, ob sie adäquat sey; und endlich 4) siehe zu, ob nicht ein Merkmal im andern liege oder demselben subordinirt sey.

---

Anmerk. 1. Diese Regeln gelten, wie sich auch wohl ohne Erinnerung versteht, nur von analytischen Definitionen. — Da man nun hier nie gewiß seyn kann, ob die Analyse vollständig gewesen: so darf man die Definition auch nur als Versuch aufstellen und sich ihrer nur so bedienen, als wäre sie keine Definition. Unter dieser

Ein-

Einschränkung kann man sie doch als einen deutlichen und wahren Begriff brauchen und aus den Merkmalen desselben Corollarien ziehen. Ich werde nemlich sagen können: dem der Begriff des Definitums zukommt, kommt auch die Definition zu, aber freylich nicht umgekehrt, da die Definition nicht das ganze Definitum erschöpft.

2. Sich des Begriffs vom Definitum bey der Erklärung bedienen; oder das Definitum bey der Definition zum Grunde legen, heißt durch einen Cirkel erklären (circulus in definiendo).

---

## II. Beförderung der Vollkommenheit des Erkenntnisses durch logische Eintheilung der Begriffe.

### §. 110.

#### Begriff der logischen Eintheilung.

Ein jeder Begriff enthält ein Mannigfaltiges unter sich, in so fern es übereinstimmt; aber auch, in so fern es verschieden ist. — Die Bestimmung eines Begriffs in Ansehung alles Möglichen, was unter ihm enthalten ist, so fern es einander entgegengesetzt, d. i. von einander unterschieden ist, heißt die logische Eintheilung des Begriffs. — Der höhere Begriff heißt der eingetheilte Begriff (divisum), und die niedrigern Begriffe, die Glieder der Eintheilung (membra dividentia).

### §. 108.

**Regeln zu Prüfung der Definitionen.**

Bey Prüfung der Definitionen sind vier Handlungen zu verrichten; es ist nemlich dabey zu untersuchen: ob die Definition

1) als ein Satz betrachtet, **wahr sey**; ob sie
2) als ein Begriff, **deutlich sey**; —
3) ob sie als ein deutlicher Begriff auch **ausführlich**, und endlich
4) als ein ausführlicher Begriff zugleich **bestimmt**, d. i. der Sache selbst adäquat sey.

### §. 109.

**Regeln zu Verfertigung der Definitionen.**

Eben dieselben Handlungen, die zu Prüfung der Definitionen gehören, sind nun auch beym Verfertigen derselben zu verrichten. — Zu diesem Zweck suche also: 1) wahre Sätze, 2) solche, deren Prädikat den Begriff der Sache nicht schon voraussetzt, 3) sammle deren mehrere und vergleiche sie mit dem Begriffe der Sache selbst, ob sie adäquat sey; und endlich 4) siehe zu, ob nicht ein Merkmal im andern liege oder demselben subordinirt sey.

---

Anmerk. 1. Diese Regeln gelten, wie sich auch wohl ohne Erinnerung versteht, nur von analytischen Definitionen. — Da man nun hier nie gewiß seyn kann, ob die Analyse vollständig gewesen: so darf man die Definition auch nur als Versuch aufstellen und sich ihrer nur so bedienen, als wäre sie keine Definition. Unter dieser
Ein-

Einschränkung kann man sie doch als einen deutlichen und wahren Begriff brauchen und aus den Merkmalen desselben Corollarien ziehen. Ich werde nemlich sagen können: dem der Begriff des Definitums zukommt, kommt auch die Definition zu, aber freylich nicht umgekehrt, da die Definition nicht das ganze Definitum erschöpft.

2. Sich des Begriffs vom Definitum bey der Erklärung bedienen; oder das Definitum bey der Definition zum Grunde legen, heißt durch einen Cirkel erklären (circulus in definiendo).

---

## II. Beförderung der Vollkommenheit des Erkenntnisses durch logische Eintheilung der Begriffe.

### §. 110.

**Begriff der logischen Eintheilung.**

Ein jeder Begriff enthält ein Mannigfaltiges unter sich, in so fern es übereinstimmt; aber auch, in so fern es verschieden ist. — Die Bestimmung eines Begriffs in Ansehung alles Möglichen, was unter ihm enthalten ist, so fern es einander entgegengesetzt, d. i. von einander unterschieden ist, heißt die logische Eintheilung des Begriffs. — Der höhere Begriff heißt der eingetheilte Begriff (divisum), und die niedrigern Begriffe, die Glieder der Eintheilung (membra dividentia).

**Anmerk. 1.** Einen Begriff theilen und ihn eintheilen, ist also sehr verschieden. Bey der Theilung des Begriffs sehe ich, was in ihm enthalten ist (durch Analyse); bey der Eintheilung betrachte ich, was unter ihm enthalten ist. Hier theile ich die Sphäre des Begriffs, nicht den Begriff selbst ein. Weit gefehlt also, daß die Eintheilung eine Theilung des Begriffs sey: so enthalten vielmehr die Glieder der Eintheilung mehr in sich, als der eingetheilte Begriff.

2. Wir gehen von niedrigern zu höhern Begriffen hinauf und nachher können wir wieder von diesen zu niedrigern herabgehen — durch Eintheilung.

### §. 114.
### Allgemeine Regeln der logischen Eintheilung.

Bey jeder Eintheilung eines Begriffs ist darauf zu sehen:

1) daß die Glieder der Eintheilung sich ausschließen oder einander entgegen gesetzt seyen; — daß sie ferner

2) unter Einen höhern Begriff (conceptum communem) gehören, und daß sie endlich

3) alle zusammengenommen die Sphäre des eingetheilten Begriffs ausmachen oder derselben gleich seyen.

---

**Anmerk.** Die Glieder der Eintheilung müssen durch contradictorische Entgegensetzung, nicht durch ein bloßes Widerspiel (contrarium) von einander getrennt seyn.

§. 112.

## §. 112.
### Codivision und Subdivision.

Verschiedene Eintheilungen eines Begriffes, die in verschiedener Absicht gemacht werden, heißen **Nebeneintheilungen**; und die Eintheilung der Glieder der Eintheilung wird eine **Untereintheilung** (subdivisio) genannt.

**Anmerk.** 1. Die Subdivision kann ins Unendliche fortgesetzt werden; comparativ aber kann sie endlich seyn. Die Codivision geht auch, besonders bey Erfahrungsbegriffen, ins Unendliche; denn wer kann alle Relationen der Begriffe erschöpfen? —

2. Man kann die Codivision auch eine Eintheilung nach Verschiedenheit der Begriffe von demselben Gegenstande (Gesichtspunkte), so wie die Subdivision eine Eintheilung der Gesichtspunkte selbst, nennen.

## §. 113.
### Dichotomie und Polytomie.

Eine Eintheilung in zwey Glieder heißt **Dichotomie**; wenn sie aber mehr als zwey Glieder hat, wird sie **Polytomie** genannt.

**Anmerk.** 1. Alle Polytomie ist empirisch; die Dichotomie ist die einzige Eintheilung aus Principien a priori — also die einzige primitive Eintheilung. Denn die Glieder der Eintheilung sollen einander entgegengesetzt seyn und von jedem A ist doch das Gegentheil nichts mehr als non A.

2. Polytomie kann in der Logik nicht gelehrt werden; denn dazu gehört Erkenntniß des Gegenstandes. Dichotomie aber bedarf nur des Satzes des Widerspruchs, ohne den Begriff, den man eintheilen will, dem Inhalte nach, zu kennen. — Die Polytomie bedarf Anschauung; entweder a priori, wie in der Mathematik, (z. B. die Eintheilung der Kegelschnitte) oder empirische Anschauung, wie in der Naturbeschreibung. — Doch hat die Eintheilung aus dem Princip der Synthesis a priori, Trichotomie; nemlich 1) den Begriff, als die Bedingung, 2) das Bedingte, und 3) die Ableitung des letztern aus dem erstern.

### §. 114.

#### Verschiedene Eintheilungen der Methode.

Was nun insbesondre noch die Methode selbst bey Bearbeitung und Behandlung wissenschaftlicher Erkenntnisse betrifft: so giebt es verschiedene Hauptarten derselben, die wir nach folgender Eintheilung hier angeben können.

### §. 115.

#### 1. Scientifische oder populare Methode.

Die scientifische oder scholastische Methode unterscheidet sich von der popularen dadurch, daß jene von Grund- und Elementar-Sätzen, diese hingegen vom Gewöhnlichen und Interessanten ausgeht.

geht. — Jene geht auf Gründlichkeit und entfernt daher alles Fremdartige; diese zweckt auf Unterhaltung ab.

---

Anmerk. Diese beyden Methoden unterscheiden sich also der Art und nicht dem bloßen Vortrage nach; und Popularität in der Methode ist mithin etwas andres als Popularität im Vortrage.

§. 116.

2. Systematische oder fragmentarische Methode.

Die systematische Methode ist der fragmentarischen oder rhapsodistischen entgegen gesetzt. — Wenn man nach einer Methode gedacht hat, und sodann diese Methode auch im Vortrage ausgedrückt und der Uebergang von einem Satze zum andern deutlich angegeben ist, so hat man ein Erkenntniß systematisch behandelt. Hat man dagegen nach einer Methode zwar gedacht, den Vortrag aber nicht methodisch eingerichtet: so ist eine solche Methode rhapsodistisch zu nennen.

---

Anmerk. Der systematische Vortrag wird dem fragmentarischen, so wie der methodische dem tumultuarischen entgegengesetzt. Der methodisch denkt, kann nemlich systematisch oder fragmentarisch vortragen. — Der äußerlich fragmentarische, an sich aber methodische Vortrag ist aphoristisch.

## §. 117.

### 3. Analytische oder synthetische Methode.

Die analytische Methode ist der synthetischen entgegengesetzt. Jene fängt von dem Bedingten und Begründeten an und geht zu den Principien fort (a principiatis ad principia), diese hingegen geht von den Principien zu den Folgen oder vom Einfachen zum Zusammengesetzten. Die erstere könnte man auch die regressive, so wie die letztere die progressive nennen.

Anmerk. Die analytische Methode heißt auch sonst die Methode des Erfindens. — Für den Zweck der Popularität ist die analytische; für den Zweck der wissenschaftlichen und systematischen Bearbeitung des Erkenntnisses aber ist die synthetische Methode angemessener.

## §. 118.

### 4. Syllogistische — Tabellarische Methode.

Die syllogistische Methode ist diejenige, nach welcher in einer Kette von Schlüssen eine Wissenschaft vorgetragen wird. —

**Tabellarisch** heißt diejenige Methode, nach welcher ein schon fertiges Lehrgebäude in seinem ganzen Zusammenhange dargestellt wird.

### §. 119.

### 5. Akroamatische oder Erotematische Methode.

**Akroamatisch** ist die Methode, so fern Jemand allein lehrt; **erotematisch**, so fern er auch fragt. — Die letztere Methode kann hinwiederum in die **dialogische** oder **sokratische** und in die **katechetische** eingetheilt werden, je nachdem die Fragen entweder an den Verstand, oder blos an das Gedächtniß gerichtet sind.

*Anmerk.* Erotematisch kann man nicht anders lehren als durch den Sokratischen Dialog, in welchem sich Beyde fragen und auch wechselsweise antworten müssen; so daß es scheint, als sey auch der Schüler selbst Lehrer. Der Sokratische Dialog lehrt nemlich durch Fragen, indem er den Lehrling seine eigenen Vernunftprincipien kennen lehrt und ihm die Aufmerksamkeit darauf schärft. Durch die gemeine Katechese aber kann man nicht lehren, sondern nur das, was man akroamatisch gelehrt hat, abfragen. — Die katechetische Methode gilt daher auch nur für empirische und historische, die dialogische dagegen für rationale Erkenntnisse.

§. 120.

## § 120.

### Meditiren.

Unter Meditiren ist Nachdenken oder ein methodisches Denken zu verstehen. — Das Meditiren muß alles Lesen und Lernen begleiten; und es ist hierzu erforderlich, daß man zuvorderst vorläufige Untersuchungen anstelle und sodann seine Gedanken in Ordnung bringe oder nach einer Methode verbinde.

Druckfehler. Seite 23, Z.3 v. u. st. Nützlichkeit l.
Rheinheit

$$\begin{array}{r} 32 \\ 24 \\ \hline t\,8 \end{array}$$

$$\begin{array}{r} 4\pounds.\ 19. \\ 13\ \ 6 \\ \hline 32\ \ 6 \\ 5\pounds.\ \ 8. \end{array}$$

Lightning Source UK Ltd.
Milton Keynes UK
UKHW051822130319
339097UK00005B/187/P